गीता में ज्ञानयोग

AF522138

गीता में ज्ञानयोग

चंपा भाटिया

प्रभात प्रकाशन

प्रकाशक
प्रभात प्रकाशन प्रा. लि.
4/19 आसफ अली रोड, नई दिल्ली-110002
फोन : 011-23289777 • हेल्पलाइन नं. : 7827007777
इ-मेल : prabhatbooks@gmail.com ❖ वेब ठिकाना : www.prabhatbooks.com

संस्करण
2025

सर्वाधिकार
सुरक्षित

पेपरबैक मूल्य
दो सौ पचास रुपए

मुद्रक
आर-टेक ऑफसेट प्रिंटर्स, दिल्ली

GITA MEIN GYANYOG
by Smt. Champa Bhatia

Published by **PRABHAT PRAKASHAN PVT. LTD.**
4/19 Asaf Ali Road, New Delhi-110002

ISBN 978-93-90378-68-5

₹ 250.00 (PB)

श्रीमद्भगवद्गीता में तत्त्वज्ञान (ब्रह्मज्ञान)

श्रीमद्भगवद्गीता को विश्व के प्राचीन धार्मिक ग्रंथ के रूप में जाना गया है। भगवद्गीता के अठारह अध्याय में कुल 699 श्लोक हैं। गीता का हर श्लोक हमें शिक्षित करने में पूर्ण है। इसमें भगवान् के प्रति अनन्य भक्ति, निष्काम कर्म करने की प्रेरणा, स्वधर्म का पालन, सब में समदृष्टि का भाव, आध्यात्मिक एवं धार्मिक जीवन जीने की शिक्षा, भवगद्-प्राप्ति के प्रति जागरूकता एवं भगवद्-प्राप्ति संबंधी विशेष दिशा-निर्देश हैं।

भगवद्गीता में चार वेदों और 108 उपनिषदों का सार है। इसे हम तीन भाग में विभाजित हुआ देख सकते हैं—

प्रथम ज्ञानयोग—परमात्मा की अनुभूति द्वारा स्वयं की जानकारी होना, जन्म-मरण के बंधन से मुक्त होना, यही ज्ञानयोग है।

द्वितीय कर्मयोग—परमात्मा का ज्ञान प्राप्त करके हर पल इसका एहसास अपने चारों तरफ करते हुए इसी के संरक्षण में कर्म करना, यही कर्मयोग है।

तृतीय भक्तियोग—हे प्रभु, तेरा एहसास होते हुए कर्म करते हुए मेरा मन हर क्षण तेरी भक्ति में लगा रहा, यही भक्तियोग है।

तत्त्वज्ञान पर आधारित ज्ञान की गहराई को समझने का संदेश है। जिस ज्ञान को प्राप्त करने के लिए मनुष्य जन्म मिला है, यह आत्मा बार-बार शरीर त्याग कर, फिर शरीर धारण करती है। मनुष्य जन्म में ही यह संभव है कि यह आत्मा अपने निज स्वरूप (तत्त्वरूप) की प्राप्ति करके मोक्ष एवं मुक्ति प्राप्त कर सकती है और परमात्मा में विलीन हो जाती है, फिर पुनर्जन्म नहीं होता। चौथे अध्याय में

श्रीकृष्णजी ने कहा है कि परमात्मा की जानकारी मनुष्य जन्म में ही संभव है।

ज्ञानयोग पर जो भी श्लोक हैं, उन्हें ही इस पुस्तक में लिया गया है।

गीता के दूसरे अध्याय से ही वस्तुतः भगवान् श्रीकृष्णजी का अमर ज्ञान उद्घटित होता है। यहीं से परमसत्ता, जीवन-मरण, आदि-अंत, योग-माया, साकार-निराकार आदि के बारे में प्रभु ने अर्जुन को समझाते हुए गूढ़ प्रश्नों के उत्तर दिए हैं।

ब्रह्म की जानकारी ही ब्रह्मज्ञान है। जो यह ज्ञान प्राप्त कर लेता है, ब्रह्मज्ञानी कहलाता है। श्रीकृष्णजी ने परमसत्ता के बारे में जो कुछ समझाया-बताया है, उसे ही समझने और सरलतापूर्वक पाठकों तक पहुँचाने का निमित्त-सा प्रयास इस पुस्तक में किया है।

अज्ञान तिमिर अन्धस्य ज्ञानाञ्जन श्लाक्या।
चक्षुरून्मीलितं येन तस्मै श्री गुरवेः नमः॥

घोर अज्ञानता के अंधकार को ज्ञान के अंजन की सलाई से दूर किया है, जिनसे मुझे आँखों की यह ज्योति मिली, ऐसे गुरु को बार-बार नमस्कार।

सत्‌गुरु माता सुदीक्षा सविंद्र हरदेवजी महाराज की कृपा से ज्ञान की यह ज्योति प्राप्त हुई। वह कलम तो आज तक बनी ही नहीं, जो परमात्मा की दिव्यता का वर्णन कर सके। सत्‌गुरु माताजी ने इस कलम से जो भी लिखवाया, ये सब उन्हीं की कृपा है।

मैं की हाँ की हस्ती मेरी आप करे ते मेरा नां।
अवतार मेरे ते सत्‌गुरु तुठै सुन लए बेशक कुल जहाँ॥

संपूर्ण अवतार वाणी शब्द संख्या 4

संपूर्ण अवतार वाणी शब्द संख्या 4

इस पुस्तक में कई त्रुटियाँ रह गई होंगी, जिसके लिए पाठकगण क्षमा कर देंगे।

अतः

त्वदीयम् वस्तुम् गोविन्दम् तुभ्यम् एव समर्पयेत्॥

अर्थात्—

हे प्रभु! आपकी वस्तु आप ही को समर्पित।

ज्ञान एक जानकारी है, जिसके उजाले में एक ब्रह्मज्ञानी ब्रह्म और माया को,

सत्य और झूठ को साफ-साफ देख सकता है। यह ज्ञान बहुत महान् है, लेकिन इसका लाभ तभी है, जब हम इस जानकारी को जीवन में अपनाएँ। मिथ्या माया को छोड़कर सत्य ब्रह्म के साथ जुड़ें, तभी हम इस ज्ञान का, भक्ति का आनंद ले पाएँगे।

शिक्षाएँ सत्गुरु हरदेवजी महाराज की पुस्तक (दर्पण) से साभार

कृपापात्र

—चंपा भाटिया

राँची,

मो. : 9334424508

अनुक्रम

प्रभु की रचनाओं में प्रभु की श्रेष्ठतम रचना मानव है जिसे प्रभु ने विवेक दिया है कि वह परमात्मा का ज्ञान प्राप्त करके कर्म और भक्ति द्वारा आवागमन के बंधन से मुक्त होकर मोक्ष एवं मुक्ति प्राप्त करके परमात्मा में विलीन हो जाता है। चौरासी लाख योनियों में केवल मानव योनि में ही यह ज्ञान प्राप्ति संभव है।

इस पुस्तक में केवल ज्ञान योग पर आधारित श्लोकों का ही चयन किया गया है।

दूसरा अध्याय

श्लोक : 16 एवं 17

नासतो विद्यते भावो नाभावो विद्यते सतः।
उभयोरपि दृष्टोऽन्तस्त्वनयोस्तत्त्वदर्शिभिः॥
अविनाशि तु तद्विद्धि येन सर्वमिदं ततम्।
विनाशमव्ययस्यास्य न कश्चित्कर्तुमर्हति॥

अन्वय—

न असतः विद्यते भावः न अभावः विद्यते सतः।
उभयो अपि दृष्टः अन्तः तु अनयोः तत्त्व दर्शिभिः॥
अविनाशी तु तत् विद्धि येन सर्वम् इदम् ततम्।
विनाशम् अव्ययम् अस्य न कश्चित् कर्तुम् आहुति॥

अर्थ—असत्य स्थायी नहीं है, किंतु सत्य अपरिवर्तित रहता है। उनका तत्त्व के दर्शन करनेवालों ने निस्संदेह दोनों का ही निष्कर्ष निकाला है। इस नाशरहित को जानो, जिसमें सबकुछ व्याप्त है। इस अविनाशी का नाश करने में कोई भी सामर्थ नहीं है।

व्याख्या—इस सरलता से समझ में आनेवाले श्लोक में भगवान् श्रीकृष्ण निराकार, अविनाशी, सनातन सत्य प्रभु के बारे में वर्णन कर रहे हैं। परमात्मा सत्य था, सत्य है और सदा सत्य ही रहेगा। यह परिवर्तनशील नहीं, कभी बदलता नहीं, न ही कभी इसका अस्तित्व समाप्त होगा और बाकी जो कुछ भी है, सब असत्य है, पहले नहीं था, फिर प्रकट हुआ, फिर अस्तित्व में नहीं रहेगा।

इस सत्य को केवल वह जान सकता है, जिसने इस परमसत्ता परमात्मा के तत्त्व रूप में दर्शन किए हैं। उसके लिए, फिर कोई संशय नहीं रहता। वह जान जाता है कि इस अविनाशी परमात्मा में ही सबकुछ व्याप्त है, इसका कोई नाश नहीं कर सकता।

जो ब्रह्म को जान लेता है, उसे सत्य और असत्य (माया) दोनों का भेद मालूम हो जाता है, फिर वह सत्य के साथ जुड़ा रहता है, असत्य के मोह में नहीं बँधता। परमसत्ता को जानने के बाद ही वह इस सत्य से भी वाकिफ हो जाता है कि इस अविनाशी परमात्मा में ही सबकुछ व्याप्त है। वह सर्वशक्तिमान है, उसे नाश करने का सामर्थ्य किसी में भी नहीं है।

श्लोक : 23

नैनं छिन्दन्ति शस्त्राणि नैनं दहति पावकः।
न चैनं क्लेदयन्त्यापो न शोषयति मारुतः॥

अन्वय—

न एनम् छिन्दन्ति शस्त्राणि न एनम् दहति पावकः।
न च एनम् क्लेदयन्ति आपः न शोष्यति मारुतः॥

अर्थ—इसको न शस्त्र काटते हैं, न अग्नि जलाती है और न इसे पानी भिगोता है, न हवा सुखाती है।

व्याख्या—यह निराकार जिसका न कोई रूप है, न रंग है, न आकार है, जन्म-मृत्यु से परे है, अटल है, शाश्वत है, सर्वव्यापक है, विशाल से अति विशाल है। यही मेरा निज रूप है। जो कटता नहीं, जलाया नहीं जा सकता, सुखाया नहीं जा सकता, पानी से भीगता नहीं। इसकी व्याख्या हमें हर धर्म ग्रंथ में मिलती है और एकरूप है।

हरि व्यापक सर्वत्र समाना प्रेम ते प्रगट होहिं मैं जाना।।

—रामचरितमानस

न एह टुटे, न मल लगे, न यह जले न जाए।
रूप न रंग न रेख किछ, त्रै गुण ते प्रभभिन्न॥

—आदिग्रंथ

इसी निर्गुण-निराकार की जानकारी प्राप्त करके ही मानव श्रेष्ठ कहलाता है, भाग्यशाली कहलाता है। मानव जीवन मिला है ईश्वर-प्राप्ति के लिए। इस प्रभु की प्राप्ति उसे होती है, जिस पर प्रभु प्रसन्न हो जाए। आदिग्रंथ में श्री गुरुनानक देवजी कहते हैं।

तिसे बुझावे नानका जित होवे ये प्रसन्न।

जिस पर प्रभु प्रसन्न होकर कृपा करते हैं, उसे ही इसका बोध प्राप्त होता है। ग्यारहवें अध्याय में भगवान् श्रीकृष्ण ने कृपा की और अपने विराट् तत्त्वरूप के दर्शन कराए। जब-जब भक्तों ने उसे गुरु कृपा द्वारा प्राप्त किया, यही संदेश दिया, जैसे—मीराजी ने कहा—

पायो री मैंने राम रतन धन पायो।
वस्तु अमोलक दी मेरे सत्गुरु कर किरपा अपनायो॥

श्लोक : 29

आश्चर्यवत्पश्यति कश्चिदेनमाश्क्चर्यवद्वदति तथैव चान्यः।
आश्चर्यवच्चैनमन्यः शृणोति श्रुत्वाप्येनं वेद न चैव कश्चित्॥

अन्वय—

आश्चर्यवत् पश्यति कश्चित्, एवम् आश्चर्यवत् वदति तथा एव च अन्यः।
आश्चर्यवत् च एवम् अन्यः शुणोति, श्रुत्वा अपि एनम् वेद न च एव कश्चित्॥

अर्थ—कोई इसे (परमात्मा को) आश्चर्य से देखता है और अन्य (कोई) आश्चर्य से बोलता है। अन्य (कोई) इसे आश्चर्य से सुनता है और कोई इसे सुनकर भी नहीं जानता।

व्याख्या—गीता के इस श्लोक में श्रीकृष्ण बता रहे हैं कि प्रभु परमात्मा की इस विशाल सत्ता को जो कोई देख पाता है, वह अचंभित देखता ही रह जाता है कि यह कितना विशाल है, हमारी समझ से परे है कि एक ब्रह्मांड ही नहीं, ऐसे अनेक-अनेक ब्रह्मांडों में निराकार परमात्मा व्याप्त है और सबका सूत्रधार बनकर चला रहा है। यह कण-कण में व्यापक है। उसे देखकर कोई भ्रम नहीं रहता।

यह परमात्मा जिसका न रंग है न रूप है, न आकार, बिना नाम के, बिना गोत्र के नित्य रहनेवाला, सनातन, सदा से था, सदा रहेगा, यह अविनाशी है, नाश संभव नहीं है। इस परमतत्त्व को देखनेवाला आश्चर्य करता है और अपने को भाग्यशाली मानता है।

जिन्होंने परमात्मा के दर्शन नहीं किए, वे इसकी विशालता के गुणों की चर्चा आश्चर्य से करते हैं। वे केवल इसकी चर्चा करने में आनंदित रहते हैं। इसके दर्शन किए जा सकते हैं, ऐसी उन्हें कोई इच्छा नहीं होती। कुछ दूसरे लोग इस परमात्मा की बातें सुनने में ही आनंद प्राप्त करते हैं। वे सुनने को ही भक्ति मानते हैं, कुछ लोग सुनकर भी उत्साहित नहीं होते। उन्हें यह विषय ही अरुचिकर लगता है।

श्लोक : 42 एवं 43

यामिमां पुष्पितां वाचं प्रवदन्त्यवि पिश्चित।
वेदवादरताः पार्थ नान्यदस्तीति वादिनः॥
कामात्मानः स्वर्गपरा जन्मकर्मफलप्रदाम्।
क्रियाविशेषबहुलां भोगैश्वर्यगतिं प्रति॥

अन्वय—

याम् इमाम् पुष्पिताम् वाचम् प्रवदन्ति अविपश्चितः।
वेद वाद रताः पार्थ न अन्यत् अस्ति इति वादिनः॥
काम आत्मनः स्वर्ग पराः जन्म कर्म फल प्रदाम्।
क्रिया विशेष बहुलाम् भोग ऐश्वर्य गतिम् प्रतिम॥

अर्थ—अल्पज्ञानी (अविवेकी) ये सब दिखावटी बातें करते हैं। हे पार्थ! वेदों को माननेवाले (अन्य कुछ भी नहीं) इस प्रकार कहते हैं। इंद्रिय तृप्ति, स्वर्ग-प्राप्ति के इच्छुक, जन्म तथा कर्म-फल को देनेवाले, बहुत प्रकार के योग और ऐश्वर्य पाने के लिए (बहुत प्रकार की) क्रिया विशेष की ओर अग्रसर होते हैं।

व्याख्या—भाव यहाँ श्रीकृष्णजी अर्जुन को बता रहे हैं कि जो केवल ऐश्वर्य पाने या कर्मफल की इच्छा के लिए, स्वर्ग की प्राप्ति के लिए, बहुत प्रकार के भोग भोगने की लालसा के लिए खास प्रकार के आयोजन और अनुष्ठान करते हैं, वे इसी दिखाई देनेवाले आयोजन को ही भक्ति मान लेते हैं। वो सबकुछ परमात्मा को पाने के साधन नहीं हैं। वे अल्पज्ञानी वेदों के शब्दों के प्रति अत्यधिक आसक्त होते हैं। वे इंद्रियों अर्थात् हाथ, पैर, आँख व मुख इत्यादि द्वारा उत्सव करके संतुष्ट हो जाते हैं कि परमात्मा की भक्ति कर ली, 44वें एवं 49वें श्लोक में भी श्रीकृष्ण ने स्पष्ट किया कि जो लोग इंद्रिय-भोग एवं इंद्रिय-ऐश्वर्य पाने के लिए, जो इंद्रियों के कर्म करते हैं, वे भगवान् के प्रति दृढ़ भक्ति का निश्चय नहीं, श्रीकृष्ण ने कहा है, जो कर्मों के फल सुख के रूप में प्राप्त करते हैं।

श्रीकृष्ण ने 49वें श्लोक में कहा कि दिखाई देनेवाले गर्हित कर्मों से दूर रहकर भाव से भक्ति करके भगवान् की शरण ग्रहण करो। 23वें श्लोक में परमात्मा को निराकार बताया है। निराकार की भक्ति निराकार आत्मा के द्वारा ही होती है, इंद्रियों अथवा किसी वस्तु विशेष से नहीं। परमात्मा का बोध करके, तत्त्व को जानकर यह आत्मा भी परमात्म रूप हो जाती है। 'अहम् ब्रह्म अस्मि' मैं ब्रह्म हूँ। ब्रह्मज्ञानी ब्रह्म को जानकर ही यह कहता है। ईश्वर-प्राप्ति के लिए मानव जीवन मिला है। इस प्रभु-प्राप्ति का यत्न करनेवाला ही जिज्ञासु भक्त कहलाता है। ईश्वर को प्राप्त करके

वह तत्त्व ज्ञाता हो जाता है। ज्ञानी कहलाता है, फिर कहता है, 'यत् त्वम् असि तत् अहम् अस्मि', हे प्रभु, जो तू है, वही मैं हूँ।

श्लोक 46

यावानर्थ उदपाने सर्वतः सम्प्लुतोदके।
तावान्सर्वेषु वेदेषु ब्राह्मणस्य विजानतः॥

अन्वय—

यावान् अर्थः उदपाने सर्वतः सम्प्लुत-उदके।
तावान् सर्वेषु वेदेषु ब्राह्मणस्य विजानतः॥

अर्थ—जैसे एक जलकूप को विशाल जलाशय मिल जाने से सभी प्रकार से कार्य पूरा होता है, वैसे ही परब्रह्म को जानकर पूर्ण ज्ञानी को वेदों का संपूर्ण ज्ञान हो जाता है।

व्याख्या—इस श्लोक में श्रीकृष्णजी ईश्वर का ज्ञान प्राप्त करने के बाद की अवस्था का वर्णन कर रहे हैं। जो प्रभु को जानकर इसको तत्त्व से प्राप्त कर लेते हैं, उनके लिए वेदों की जानकारी भी सरल हो जाती है, फिर कोई भ्रम में नहीं पड़ता। जहाँ एक तरफ विराट् से अति विराट् परमपिता परमात्मा नजर आता है, दूसरी तरफ बाकी यह सारा संसार (माया) तुच्छ लगने लगता है।

महोपनिषद् में प्रभु-प्राप्ति के बाद का वर्णन किया गया है—

भिद्यते हृदयग्रंथिश्छिद्यंते सर्वसंशया।
क्षीयंते चास्य कर्माणि तस्मिंदृष्टे परावरे।।

भाव—हृदय की गाँठ खुल जाती है और सारे कर्मों की समाप्ति हो जाती है, जैसे समुद्र को पा लेने के बाद छोटे जलाशयों का कोई प्रयोजन नहीं रह जाता। जिसे विशाल परमात्मा की जानकारी है, यही सर्वोत्तम जानकारी है। उसे फिर कुछ भी जानना बाकी नहीं रह जाता। गीता में आगे के अध्याय में श्रीकृष्णजी ने बताया कि इस प्रभु को जान लेने के बाद कुछ भी जानने योग्य नहीं रह जाता।

अवतार बाणी में शहंशाह अवतार सिंहजी ने फरमाया—

सत्गुरु ऐसा पाठ पढ़ाया पढ़न पढ़ाणा मुक गया।

श्लोक 54

स्थितप्रज्ञस्य का भाषा समाधिस्थस्य केशव।
स्थितधीः कि प्रभाषे किमासीत व्रजेत किम्॥

अन्वय—

स्थित-प्रज्ञस्य का भाषा समाधि-स्थस्य केशव।
स्थित-घी किम् प्रभाषेत् किम् आसीत् व्रजेत् किम्॥

अर्थ—हे केशव अध्यात्म में लीन (स्थितप्रज्ञ) व्यक्ति के क्या लक्षण हैं? उसकी भाषा कैसी है? वह कैसे बोलता है? वह किस तरह बैठता और चलता है?

व्याख्या—यहाँ अर्जुन श्रीकृष्ण से जानना चाह रहे हैं, जिस व्यक्ति की प्रज्ञा, विश्वास, आस्था स्थिर है, एक परमपिता परमात्मा के प्रति निष्ठा है, उसके लक्षण क्या है? उसका व्यवहार कैसा हैं? उसकी भाषा कैसी है? वह कैसे उठता और बैठता है? जो परमात्मा के साथ जुड़ जाते हैं और निरंतर जुड़े रहते हैं, परमात्मा को हर पल अपने पास महसूस करते हैं, और सबसे भिन्न कैसे हैं?

जैसे धनवान व्यक्ति के हर हाव-भाव में उसके धनवान होने के लक्षण प्रकट होते हैं, जैसे अगर कोई रोगी है तो वह एक पल के लिए भी अपना रोग भुला नहीं पाता। उसके बोलने से चलने-फिरने से अनुमान हो जाता है कि यह व्यक्ति स्वस्थ नहीं है। अर्जुन भी यही जानना चाहते हैं कि प्रभु परमात्मा का ज्ञान हो जाने के बाद जीवन जीने में क्या बदलाव आ जाता है? ज्ञानी के जीने का ढंग कैसा हो जाता है?

श्लोक : 55

प्रजहाति यदा कामान्सर्वान्पार्थ मनोगतान्।
आत्मन्येवात्मना तुष्टः स्थितप्रज्ञस्तदोच्यते॥

अन्वय—

प्रजहाति यदा कामान् सर्वान् पार्थ मनः गतान्।
आत्मनि एव आत्मना तुष्टः स्थित प्रज्ञः तदा उच्यते॥

अर्थ—हे अर्जुन! जब (मनुष्य) सभी प्रकार की कामनाओं को मन से त्यागता है, निश्चय ही वह तब शुद्ध मन से आत्मा में संतोष प्राप्त करता है। उसे ही स्थितप्रज्ञ (अध्यात्म में स्थित) कहते हैं।

व्याख्या—श्रीकृष्ण अर्जुन को स्थितप्रज्ञ मनुष्य की अवस्था का वर्णन कर रहे हैं, जो मनुष्य मन में संतुष्ट है, जैसा हो रहा है, वह उस अवस्था में परेशान तथा विचलित नहीं होता। हर अवस्था में भगवत्भक्ति में लीन है। प्रसन्नचित्त अपने को भगवान् का सेवक मानता है। उसी की प्रज्ञा स्थित है, पल-पल बदलती नहीं, जो हो रहा है, सब प्रभु की इच्छा से हो रहा है। ऐसी स्थिति में जो है, उसे ही स्थितप्रज्ञ कहते हैं।

श्लोक : 56

दुःखेष्वनुद्विग्नमनाः सुखेषु विगतस्पृहः।
वीतरागभयक्रोधः स्थितधीर्मुनिरुच्यते॥

अन्वय—

दुःखेषु अनुद्विग्न-मनाः सुखेषु विगत-स्पृहः।
वीत राग भय क्रोधः स्थित घी मुनिः उच्यते॥

अर्थ—जो दुःखों में विचलित नहीं होता, सुखों में रुचि रहित है। जो आसक्ति, भय और क्रोध से मुक्त है, वह स्थिर बुद्धिवाला मुनि कहलाता है।

व्याख्या—स्थितप्रज्ञ कैसा है? अर्जुन के पूछने पर श्रीकृष्ण स्थितप्रज्ञ की विशेषता का वर्णन कर रहे हैं। जो मनुष्य दुःखों के आने से इसे प्रभु की इच्छा समझे और मन में दुःख की अनुभूति न हो, सुखों को पाकर तटस्थ रहे, हर्ष में अति उत्साहित न हो, सुख एवं दुःख से हृदय विचलित न हो वह मनुष्य न तो क्रोध करता है और न ही उसे भय लगता है कि अभी सुख है, कहीं यह मुझसे दूर न हो जाए। वह भयभीत नहीं होता। किसी भी वस्तु में आसक्त हुए बिना उसे व्यवहार में लाता है। जो भी हो रहा है प्रभु की इच्छा से हो रहा है। उसकी इच्छा को सर्वोपरि मानकर प्रभु के आगे नतमस्तक रहे।

हर क्षण प्रभु में मन मग्न रहे, उसी को स्थितप्रज्ञ कहते हैं। वही मुनि कहलाता है।

श्लोक : 57

यः सर्वत्रानभिस्नेहस्तत्तत्प्राप्य शुभाशुभम्।
नाभिनन्दति न द्वेष्टि तस्य प्रज्ञा प्रतिष्ठिता॥

अन्वय—

यः सर्वत्र अनभिस्नेहः तत् तत् प्राप्य शुभ अशुभम्।
न अभिनन्दति न द्वेष्टि तस्य प्रज्ञा प्रतिष्ठिता॥

अर्थ—जो शुभ और अशुभ को प्राप्त करने पर न तो हर्षित होता है और न शोक-द्वेष करता है। वह सभी जगह स्नेह-शून्य पूर्ण ज्ञान को प्राप्त करके इसमें अचल (स्थिर) रहता है।

व्याख्या—दूसरे अध्याय के इस श्लोक में श्रीकृष्णजी ने भक्त की सहज अवस्था का वर्णन किया है। यह सहज अवस्था प्रभु का ज्ञान पाकर ही संभव है।

इस श्लोक में पूर्ण ज्ञान को स्नेह-शून्य कहा है, जिसका भाव है निर्लिप्त होना। जो परमात्मा से जुड़ जाता है, वह भी निर्लेप भाव रखता है। दुःख और सुख में एक समान व्यवहार करता है। वह शुभ या अशुभ में अचल, स्थिर रहता है। वह भक्त जीवन में हर पल सहज रहता है। ऐसे भक्त को स्थितप्रज्ञ कहते हैं।

श्लोक : 66

नास्ति बुद्धिरयुक्तस्य न चायुक्तस्य भावना।
न चाभावयतः शान्तिरशान्तस्य कुतः सुखम्॥

अन्वय—

न अस्ति बुद्धि अयुक्तस्य न च अयुक्तस्य भावना।
न च अभावयतः शान्ति अशान्तस्य कुतः सुखम्॥

अर्थ—जो (परमात्मा से) युक्त नहीं (उसकी) बुद्धि और भावना स्थिर नहीं है। जो स्थिर नहीं उसे शांति नहीं, और शांति के बिना सुख कहाँ?

व्याख्या—यहाँ सुख का साधन श्रीकृष्ण ने बताया है कि शांति है तभी सुख है। शांति नहीं तो सुख भी नहीं। जिसका मन शांत है, वह हर हाल में सुख का अनुभव करता है। जिसका हृदय अशांत है, मन में शांति नहीं, वह सुख का अनुभव नहीं करता। मन की शांति, मन की स्थिरता, बुद्धि की स्थिरता केवल प्रभु परमात्मा से युक्त होने पर ही होती है।

प्रभु को पाकर, उसे जानकर ही परमात्मा से युक्त हुआ जा सकता है। जो परमात्मा को जान लेता है, फिर उसकी बुद्धि चंचल नहीं रहती, स्थिर हो जाती है। स्थिर बुद्धिवाला मनुष्य जीवन में सुख और शांति का अनुभव करता है।

भाव—जिसने प्रभु को जान लिया वह जीवन को सहज जी लेता है और इसे जाने बिना मनुष्य सबकुछ होते हुए भी सुख का अनुभव नहीं करता।

श्लोक : 69

या निशा सर्वभूतानां तस्यां जागर्ति संयमी।
यस्यां जाग्रति भूतानि सा निशा पश्यतो मुनेः॥

अन्वय—

या निशा सर्वभूतानाम् तस्याम् जागृति संयमी।
यस्याम् जाग्रति भूतानि सा निशा पश्यतो मुने।ः॥

अर्थ—जो सब जीवों के लिए रात्रि (अँधेरे) के समान है, वह संयमी (भक्त)

के लिए जागने का समय है, जो सब जीवों के लिए जागने का समय है, वह मुनि के लिए रात्रि के समान है।

व्याख्या—गीता के इस श्लोक में परमात्मा को पाने के लिए जो जागरूक है, जिसे संयमी कहा है, उसकी अवस्था तथा जो दुनियावी उपलब्धियों, प्राप्तियों की ओर जागरूक है उसकी अवस्था, दोनों प्रकार के मनुष्यों का वर्णन किया गया है।

परमात्मा की प्राप्ति के प्रति आम मनुष्य गहन निद्रा में है। सोया हुआ है। परमात्मा को जानने की कोई इच्छा ही नहीं। इस विषय के प्रति अंधकार है। वह उनके लिए रात्रि के समान है, जैसे इनसान रात्रि में सो जाता है तो उसे कुछ भी याद नहीं रहता, इसी तरह बहुत से मनुष्यों का परमात्म तत्त्व की प्राप्ति की ओर कोई प्रयास नहीं रहता। दुनियावी साधनों की प्राप्ति में ही वे संतुष्ट रहते हैं, उसी को और अधिक बढ़ाने का यत्न करते हैं। उनके लिए परमात्मा को जानना महत्त्वपूर्ण नहीं। सुख से जीवन व्यतीत करना ही जीवन का उद्देश्य मानते हैं।

दूसरी ओर जो जिज्ञासु है, जिसके हृदय में परमात्मा को पाने की ललक है, इसी उद्देश्य को सर्वोपरि मानते हुए इसी की खोज करता है कि उन्हें कोई तत्त्व-ज्ञाता मिले। जो इस परमात्म तत्त्व को जानता हो, जिसने इसे देखा हो, वह मुझे इस तत्त्व के दर्शन करा दे। वह इसी खोज में लगा रहता है। मनुष्य जन्म जो मिला है, इसे सफल बना पाए। आत्मसंयमी जिसे परमात्मा की चाह है, वह दुनिया के पदार्थों को महत्त्व नहीं देता। जितना परमात्मा जीवन यापन के लिए दे रहा है, उसी में वह संतुष्ट रहता है और अधिक पाने का प्रयास नहीं करता। उसका सारा प्रयास परमात्मा की तरफ ही है।

गीता में इसी अवस्था के बारे में बताया गया है कि भक्त परमात्मा की तरफ जागरूक है। जागा हुआ है और संसार के बाकी लोग भौतिक प्राप्तियों की तरफ जागरूक हैं।

□

तीसरा अध्याय

श्लोक : 17

यस्त्वात्मरतिरेव स्यादात्मतृप्तश्च मानवः।
आत्मन्येव च सन्तुष्टस्तस्य कार्यं न विद्यते॥

अन्वय—

यः तु आत्म-रतिः एव स्यात् आत्म-तृप्तः च मानवः।
आत्मनि एव च सन्तुष्टः तस्य कार्यम् न विद्यते॥

अर्थ—जो मनुष्य आत्मिक आनंद में ही रहता है, स्वयं प्रकाशित तथा केवल अपने में संतुष्ट रहता है। उसको कर्म बंधन नहीं (बाँधते) हैं।

व्याख्या—जो मनुष्य इस परमपिता परमात्मा से योग कर लेते हैं, जुड़ जाते हैं। जिनके पास यह प्रकाश, यह रोशनी है, जिससे उसकी आत्मा प्रकाशित है, परमात्मा का साक्षात्कार हो चुका है, वे हर क्षण आत्मिक आनंद का अनुभव करते हैं। वे फिर पूर्णतया संतुष्ट रहते हैं कि जिस लक्ष्य को प्राप्त करने के लिए मानव जन्म मिला है, वह लक्ष्य पूरा हो गया, फिर वे हर परिस्थिति में संतुष्ट और आनंदित रहते हैं।

उनके हृदय में कर्मों के फल का कोई बंधन नहीं रह जाता। उनके वे कर्म बिना किसी कामना के निष्काम कर्म होते हैं। उन कर्मों के बंधन से वे मुक्त होते हैं।

श्लोक : 18

नैव तस्य कृतेनार्थो नाकृतेनेह कश्चन।
न चास्य सर्वभूतेषु कश्चिदर्थव्यपाश्रयः॥

अन्वय—

न एव तस्य कृतेन अर्थः न अकृतेन इह कश्चन।
न च अस्य सर्वभूतेषु कश्चित् अर्थ व्यापाश्रयः॥

अर्थ—उसका इस संसार में निश्चय ही न तो कार्य करने से और न ही कार्य न करने से कोई प्रयोजन होता है और न उसको समस्त जीवों में आश्रित होने की आवश्यकता होती है।

व्याख्या—जो प्रभु परमात्मा से साक्षात्कार कर लेता है, उसे किसी और के आश्रय की आवश्यकता नहीं होती। प्रभु परमात्मा हर पल उसके साथ है, यह एहसास उसे सदा रहता है। उसके कर्म करने और कर्म न करने की कोई महत्ता नहीं रह जाती। ऐसा तत्त्ववेत्ता ज्ञानी कर्म करने का प्रयास करता है, अगर कर्म हो गया तो भी वह संतुष्ट है और अगर कर्म नहीं हो सका तो भी उसे कोई फर्क नहीं पड़ता। वह ऐसी अवस्था तक पहुँच जाता है।

जैसे श्रीकृष्ण ने अर्जुन को ज्ञान देने से पहले कहा कि अगर तुम जीत गए तो राज्य का सुख भोगेगे और अगर न जीत पाए तो वीरगति को प्राप्त हो जाओगे और सम्मान पाओगे, परंतु युद्ध न करके न तुम्हें राज्य मिलेगा और न ही सम्मान। तुम तिरस्कार के पात्र बनोगे।

इसलिए कर्म का फल, जो भी हो, ज्ञानी पुरुष केवल कर्म करने की ओर अग्रसर रहते हैं।

श्लोक : 31

ये मे मतमिदं नित्यमनुतिष्ठन्ति मानवाः।
श्रद्धावन्तोऽनसूयन्तो मुच्यन्ते तेऽपि कर्मभिः॥

अन्वय—

ये मे मतम् इदम् नित्यम् अनुतिष्ठन्ति मानवाः।
श्रद्धा-वन्तः अनसूयन्तः मुच्यन्ते ते अपि कर्मभिः॥

अर्थ—जो प्राणी मेरे आदेशों का बिना ईर्ष्या के श्रद्धा और भक्ति से नित्य पालन करते हैं, वे भी कर्म-बंधन से मुक्त हो जाते हैं।

व्याख्या—यहाँ श्रीकृष्ण बता रहे हैं कि प्राणी जो भी कर्म करता है, वह उससे लिप्त रहता है। मैंने ये अच्छे कर्म किए, अब आगे और अच्छे कर्म करूँगा। ये मुझसे बुरे कर्म हो गए, उन्हें नेक कर्म करके सुधार करूँ। वह अच्छे और बुरे कर्म के बंधन से मुक्त नहीं हो पाता और परमात्मा की प्राप्ति की तरफ उसका कोई प्रयास नहीं होता।

इस श्लोक में श्रीकृष्ण बता रहे हैं कि जो भक्ति के साथ मेरे आदेशों के

अनुसार, सदैव कर्म करते हैं। अपनी मन और बुद्धि से नहीं, जैसा मैंने कहा है वैसा कर्म करते हैं। वे कर्मों के बंधन से मुक्त हो जाते हैं। उनके वे कर्म निर्लेप हो जाते हैं।

श्लोक : 38

धूमेनाव्रियते वह्निर्यथादर्शो मलेन च।
यथोल्बेनावृतो गर्भस्तथा तेनेदमावृतम्॥

अन्वय—

धूमेन् अव्रियते वह्निः यथा आदर्शः मलेन च।
यथा उल्बेन आवृतः गर्भः तथा तेन् इदम् आवृतम्॥

अर्थ—जिस प्रकार अग्नि धुएँ से ढकी रहती है, दर्पण धूल से ढका रहता है, जैसे गर्भ गर्भाशय में ढका रहता है, इसी प्रकार यह परमात्मा माया से ढका रहता है।

व्याख्या—इस श्लोक में श्रीकृष्णजी परमात्मा के निराकार रूप की व्याख्या कर रहे हैं कि निराकार में ही सबकुछ व्याप्त है। हमारी आँखें संसार की हर वस्तु को देख पाती हैं, जो प्रभु परमात्मा के द्वारा रची गई है। परमात्मा अपनी हर रचना के कण-कण में व्याप्त है, परंतु दिखाई नहीं देता।

इस श्लोक में श्रीकृष्ण उदाहरण देकर बता रहे हैं कि जैसे अग्नि जलती है, धुआँ अग्नि को ढक लेता है। धुआँ नजर आता है, अग्नि प्रकट नजर नहीं आती। धुएँ का अस्तित्व अग्नि के कारण ही है। अग्नि नहीं तो धुआँ भी नहीं। धुएँ में छिपी अग्नि को प्रकट करने के लिए उसे हिलाया जाए तो अग्नि प्रकट होती है, फिर धुआँ नजर नहीं आता। धुएँ का अस्तित्व गौण हो जाता है।

जैसे दर्पण धूल से ढका होता है, उसमें छवि नजर नहीं आती। धूल को हटा दें तो दर्पण में चेहरा नजर आने लगता है। इसी प्रकार परमात्मा के कारण सृष्टि है। सृष्टि, रचना, नजर आती है, परमात्मा नजर नहीं आता। तत्त्व-ज्ञाता, परमात्मा के तत्त्व रूप, अविनाशी रूप को जाननेवाला इसी रचना के रचनहार को जब प्रकट करके दिखाता है, फिर सृष्टि मिथ्या लगने लगती है। परमात्मा, जब चाहे इसे बना अथवा मिटा सकता है। परमात्मा प्रलय के साथ प्रलय नहीं होता। ये सदा था, सदा है, सदा रहेगा। इस संसार को स्वप्न भी कहा गया है। स्वप्न की वस्तुएँ हमें दिन में नजर नहीं आतीं। आदिग्रंथ में कहा है—

"जो दीसे सो सगल विनासे"

भाव जो भी दिखाई देता है, सूर्य, चाँद, तारे, धरती, पेड़-पौधे, जीव-जंतु सबकुछ नाशवान है। एक प्रभु परमात्मा है, जिसे कहा गया है—

"न एह टुटे न मल लगे,
न एह जले न जाए।"

परमात्मा के टुकड़े नहीं हो सकते, न इसे गंदगी लगती है न यह जलता है, न समाप्त होता है। इसके स्वरूप को पहचानने के लिए लिखा है—

"मन तू जोत सरूप है अपना मूल पछान।
मन हरजी तेरे नाल है गुरुमति रंग मान॥"

हम इसी परमात्मा के अंश है, परंतु इसकी पहचान करके ही इसका आनंद लिया जा सकता है, जैसे शीशे की धूल साफ करने पर अपना चेहरा नजर आता है, इसी प्रकार तत्त्वज्ञानी द्वारा अपने मूल अस्तित्व की पहचान करके ही परमशांति की प्राप्ति होती है।

आत्म-साक्षात्कार ही ब्रह्म साक्षात्कार है। इस आत्म-तत्त्व को देखने की रोशनी गुरु प्रदान करता है।

श्लोक : 39

आवृतं ज्ञानमेतेन ज्ञानिनो नित्यवैरिणा।
कामरूपेण कौन्तेय दुष्पूरेणानलेन च॥

अन्वय—

आवृतम् ज्ञानम् एतेन् ज्ञानिनः नित्य वैरिणा।
कामरूपेण कौन्तेय दुष्पूरेण अनलेन च॥

अर्थ—हे कुंती पुत्र! ज्ञानी व्यक्ति की चिर शत्रु कभी न तृप्त होनेवाली कामरूपी अग्नि के द्वारा यह ज्ञान ढका रहता है।

व्याख्या—भाव ज्ञान की जरूरत तब तक महसूस नहीं होती, जब तक हमारा झुकाव केवल शारीरिक जरूरतें पूरी करने, जैसे—खाने-सोने के साधन इकट्ठे करने में लगा रहता है। मनुष्य यही सोचता है कि यह एक वस्तु पाकर संतुष्टि हो जाएगी, परंतु फिर एक नई इच्छा जन्म ले लेती है और यह कभी न तृप्त होनेवाला सिलसिला चलता रहता है। मनुष्य इसी तरफ अग्रसर रहता है। ज्ञान जो ढका हुआ है, इसकी प्राप्ति के लिए कोई प्रयास नहीं करता।

इंद्रिय-भोग से प्रसन्नता की अनुभूति ही ज्ञान-प्राप्ति का शत्रु है, जैसे निरंतर ईंधन डालते जाने से अग्नि कभी नहीं बुझती और प्रचंड होती जाती है उसी प्रकार इंद्रियों की तृप्ति में लगा हुआ मानव उसी की ओर बढ़ता जाता है। ऐसा मनुष्य परमात्मा की प्राप्ति की तरफ कोई प्रयास नहीं करता।

श्लोक : 42

इन्द्रियाणि पराण्याहुरिन्द्रियेभ्यः परं मनः।
मनसस्तु परा बुद्धिर्यो बुद्धेः परतस्तु सः॥

अन्वय—

इन्द्रियाणि पराणि आहुः इन्द्रियेभ्यः परम् मनः।
मनसः तु परा बुद्धि यः बुद्धेः परतः तु सः॥

अर्थ—शरीर से श्रेष्ठ इंद्रियाँ है, इंद्रियों से श्रेष्ठ मन, मन से श्रेष्ठ बुद्धि और बुद्धि से श्रेष्ठ आत्मा है।

व्याख्या—भाव यह कि शरीर में स्थिर आत्मा कर्म-इंद्रियों से, ज्ञान-इंद्रियों से, मन एवं बुद्धि सबसे श्रेष्ठ है। यह आत्मा ही भगवान् का अंश है और परमात्मा के साथ बोध करके परमात्मा जैसी हो जाती है। आत्मा परमात्मा के गुण स्वतः धारण कर लेती है। जिसका मन भगवान् में निरंतर लगा रहता है, उसकी इंद्रियों के अन्यत्ररत होने की संभावना नहीं रह जाती। अपने आपको भगवान् का सेवक मानते हुए इंद्रियों के द्वारा जो भी कर्म होता है, वह प्रभु भक्ति ही है। आत्मा के सभी कर्म परमात्मा द्वारा ही नियंत्रित होते हैं तभी कर्म भक्तिपूर्ण हो जाते हैं।

निहितार्थ यह कि वही कर्म श्रेष्ठ होता है, जो श्रेष्ठ के द्वारा किया जाता है, यानी मन या बुद्धि से किया गया कोई भी कार्य किसी के लिए क्षणिक फलदायी हो सकता है, किसी को उससे नफा-नुकसान हो सकता है, लेकिन वह कर्म श्रेष्ठ नहीं हो सकता है। श्रेष्ठ कर्म तो वही होता है, जो आत्मा द्वारा परमात्मा के संयोग से किया जाता है, क्योंकि भगवान् श्रीकृष्ण स्वयं कह रहे हैं कि मन-बुद्धि से आत्मा श्रेष्ठ होती है। मन चंचल होता है, बुद्धि चातुर्य के साथ कार्य करती है, लेकिन आत्मा वही करणीय है, जो उचित है, यथेष्ट है और श्रेष्ठ है, क्योंकि आत्मा के द्वारा किया गया कार्य परमात्मा के सान्निध्य से संचालित-संपादित होता है। आत्मा का परमात्मा में विलीनीकरण ही तो भक्ति है।

आत्मा भी अविनाशी है और परमात्मा भी, किंतु आत्मा वस्तुतः परमात्मा का अंश है। 'ईस्वर अंस जीव अविनासी' का मूल भाव भी यही है।

□

चौथा अध्याय

श्लोक : 2

एवं परम्पराप्राप्तमिमं राजर्षयो विदुः।
स कालेनेह महता योगो नष्टः परन्तप॥

अन्वय—

एवम् परम्परा-प्राप्तम् इमम् राज-ऋष्यः विदुः।
सः कालेन् इह महतो योगः नष्टः परन्तपः॥

अर्थ—हे परमतप! (अर्जुन) इस प्रकार यह ज्ञान राज-ऋषियों ने (गुरु-शिष्य) परंपरा से जाना। इस काल में यह महान् ज्ञान (योग) लुप्त हो गया।

व्याख्या—यह ज्ञान केवल श्रीगुरु (शरीर में जो गुरु है) की कृपा से ही शिष्य को प्राप्त होता है। परमात्मा का ज्ञान प्राप्त करने की यह एकमात्र परंपरा विधि है। श्रीकृष्ण ने स्पष्ट किया किसी भी काल में जिसने भी जाना, चाहे वे ऋषि, तपस्वी या कोई ऋषि या राजा ही हैं, सत्‌गुरु के द्वारा ही जाना।

गुरु जो सत्य को जानता है, वही सत्‌गुरु होता है। जिसके पास सत्य की जानकारी नहीं, वह गुरु भौतिक ज्ञान का गुरु है। गुरु वह जिसे भौतिक ज्ञान है, किसी विशेष भाषा का अथवा विशेष विषय का। यहाँ इस श्लोक में उन्होंने अपने युग के बारे में बताया कि अभी यह महान् योग (आत्मा और परमात्मा का जोड़ ही योग है) नष्ट हो गया है।

जब-जब ये लोप हो जाता है, तब-तब परमात्मा मानव शरीर में आकर दुनिया को को ज्ञान की रोशनी देते हैं।

श्लोक : 6

अजोऽपि सन्नव्ययात्मा भूतानामीश्वरोऽपि सन्।
प्रकृतिं स्वामधिष्ठाय सम्भवाम्यात्ममायया॥

अन्वय—

अज: अपि सन् अव्यय आत्मा भूतानाम् ईश्वर: अपि सन्।
प्रकृतिम् स्वाम् अधिष्ठाय सम्भवामि आत्म-मायया॥

अर्थ—यद्यपि मैं अजन्मा, अविनाशी, समस्त जीवों का मालिक होते हुए भी अपनी माया से दिव्य रूप में प्रकट होता हूँ।

व्याख्या—ईश्वर न कभी जनमता है, न मरता है, न इसका नाश संभव है। यह सदैव रहता है। हर जीव के जीवित होने में ईश्वर की शक्ति ही काम करती है। परमात्मा की शक्ति से ही जीव चलता-फिरता है। परमात्मा की शक्ति निकल जाने पर वही जीव निष्प्राण हो जाता है, हिल-डुल नहीं सकता, शक्तिहीन हो जाता है।

सबके प्राणों का मालिक होते हुए भी परमात्मा अप्रकट है। अपनी माया के योग से जब-तब यह परमात्मा शरीर धारण करके दिव्य रूप में प्रकट होता है, दिव्य लीलाएँ कर अपने को प्रकट करता है। अपना ज्ञान, अपनी जानकारी स्वयं देता है कि यह देख मेरा विराट् रूप।

आगे के 11वें अध्याय में इसी विराट् रूप का ज्ञान श्रीकृष्ण ने अर्जुन को दिया है।

श्लोक : 7 एवं 8

यदा यदा हि धर्मस्य ग्लानिर्भवति भारत।
अभ्युत्थानमधर्मस्य तदात्मानं सृजाम्यहम्॥
परित्राणाय साधूनां विनाशाय च दुष्कृताम्।
धर्म संस्थापनार्थाय सम्भवामि युगे युगे॥

अन्वय—

यदा यदा हि धर्मस्य ग्लानि: भवति भारत।
अभि उत्थानम् अधर्मस्य तदा आत्मानम् सृजामि अहम्॥
परित्राणाय साधूनाम् विनाशाय च दुष्टकृताम्।
धर्म संस्थापन-अर्थाय सम्भवामि युगे युगे॥

अर्थ—हे अर्जुन! जब-जब धर्म की ग्लानि होती है, अधर्म का अभ्युदय होता है, तब-तब मैं अवतार लेता हूँ। भक्तों का उद्धार करने के लिए, पापियों का विनाश करने और धर्म की पुन: स्थापना करने के लिए मैं हर युग में प्रकट होता हूँ।

व्याख्या—भगवान् अजर हैं, उनका जन्म नहीं होता, जन्मरहित हैं। वे जीवन के दु:खों को दूर करने हेतु, मानव के उद्धार करने के लिए अवतरित होते हैं।

श्रीकृष्ण ने कहा है, 'अजोऽपि सन् अव्यात्मा', अर्थात् मैं अजन्मा हूँ, अविनाशी हूँ, जब भी धर्म का लोप होने लगता है और अधर्म की प्रधानता होती है, मनुष्य भटक जाता है, भगवान् साकार रूप धारण करके अपना सृजन स्वयं करते हैं। किसी भी काल में प्रकट होकर मानवमात्र को उसके मूल अस्तित्व परमात्मा से जोड़कर भक्ति देकर मुक्ति प्रदान करते हैं।

'धर्म तु साक्षात् भगवद्प्रणीतम्'

अर्थात् धर्म के नियम भगवान् के साक्षात् आदेश हैं। प्रह्लाद महाराजा हिरण्यकशिपु का पुत्र होते हुए भी पिता द्वारा प्रताड़ित किए जाते रहे। इसी प्रकार देवकी और वसुदेव भी अपने ही भाई द्वारा कष्ट पाते रहे, तभी भगवान् अधर्म का नाश करने किसी भी रूप को धारण करके उद्धार करने आते हैं।

'परित्राणाय साधूनां विनाशाय च दुष्कृताम्'

भाव सज्जनों की रक्षा करने हेतु, दुर्जनों का नाश करने के लिए मैं हर युग में प्रकट होता हूँ। परमात्मा साकार रूप धारण करके अपने निराकार रूप का ज्ञान स्वयं ही देते हैं। इस निराकार का ज्ञान या रोशनी पाकर मनुष्य जन्म-मरण के बंधन से मुक्त हो जाता है।

श्लोक : 9

जन्म कर्म च मे दिव्यमेवं यो वेत्ति तत्त्वतः।
त्यक्त्वा देहं पुनर्जन्म नैति मामेति सोऽर्जुन॥

अन्वय—

जन्म कर्म च मेदिव्यम् एवम् यः वेत्ति तत्त्वतः।
त्यक्त्वा देहम् पुनः जन्म न इति माम् एति सो अर्जुन॥

अर्थ—मेरे जन्म और कर्म (लीलाएँ) अलौकिक हैं। जो इन्हें तत्त्व (निराकार) से जानता है, देह छोड़कर (जाते हुए उसका) पुनः जन्म नहीं होता, मेरे में लीन हो जाता है।

व्याख्या—जब कभी प्रभु जिस रूप को लेकर धरती पर अवतरित हुए, हम उनके जन्मस्थल की विशेषता, उनकी लीलाओं की कथा करके, उनके जन्मदिवस पर कोई विशेष आयोजन करके उसे भक्ति समझ लेते हैं। यहाँ श्रीकृष्णजी ने इस एक जन्म की बात नहीं की। अनेक जन्मों का कहा कि मेरे जन्म सारे दिव्य होते हैं, अलौकिक होते हैं और मेरे हर कर्म, हर लीला भी दिव्य होती है, अपने आपमें पूर्ण संदेश लिये हुए होती है। केवल इसकी चर्चा करना अथवा कोई आयोजन या कथाएँ

करना ही भक्ति नहीं है। 'यो वेत्ति तत्त्वत' जो तत्त्व से जानता है, मेरे विराट् रूप को जानता है। मुझे मेरे निराकार अविनाशी रूप से जानता है, उसके बारे में कहा है कि वह शरीर त्यागने के बाद मुझमें ही समा जाता है। उसका पुनर्जन्म नहीं होता, वह कर्मों के अनुसार, जनमता या मरता नहीं, मुक्त हो जाता है, मोक्ष प्राप्त करता है।

श्लोक 11 एवं 12

ये यथा मां प्रपद्यन्ते तांस्तथैव भजाम्यहम्।
मम वर्त्मानुवर्तन्ते मनुष्याः पार्थ सर्वशः॥ 11
काङ्क्षन्तः कर्मणां सिद्धिं यजन्त इह देवताः।
क्षिप्रं हि मानुषे लोके सिद्धिर्भवति कर्मजा॥ 12

अन्वय—

ये यथा माम् प्रपद्यन्ते तान् तथा एव भजामि अहम्।
मम् वर्त्य अनुवर्तन्ते मनुष्याः पार्थ सर्वशः॥11
काघक्षन्तः कर्मणामसिद्धिम् यजन्त इह देवताः।
क्षिप्रम् हि मानुषे लोके सिद्धि भवति कर्मजा॥ 12

अर्थ—हे अर्जुन! जो मुझे जिस प्रकार भजते हैं, मैं उन पर उसी प्रकार (भाव से) अनुग्रह करता हूँ। मनुष्य सदा मेरे ही मार्ग का अनुसरण करते हैं।

इस लोक में कर्मों की सिद्धि चाहनेवाले देवताओं की पूजा करते हैं, क्योंकि मनुष्य-लोक में कर्म से सिद्धि शीघ्र मिलती है।

व्याख्या—भगवान् श्रीकृष्ण को उनके ब्रह्मज्योति तेज तथा प्रत्येक वस्तु के कण-कण में व्याप्त परमात्मा के रूप में अनुभव किया जाता है, लेकिन कृष्णजी के इस निराकार रूप का पूर्ण साक्षात्कार तो उनके कुछ भक्त ही कर पाते हैं। वे इस लोक में तथा दिव्य धाम में भी श्रीकृष्ण का सान्निध्य प्राप्त करते हैं।

लोग फल की कामना से देवताओं की पूजा करते हैं, पूजा से धन, ऐश्वर्य आदि की प्राप्ति होती है। श्रीकृष्ण ने कहा है कि अन्य देवी-देवता मेरा ही स्वरूप हैं, जो उनकी आराधना या उपासना करते हैं, वे वास्तव में मेरी ही भक्ति कर रहे होते हैं, परंतु मुझे न जानते हुए। वे जिस रूप में मेरी पूजा करते हैं, मैं उसी रूप में ग्रहण करता हूँ। फल की कामना से लोग जिस भी देवी-देवता की पूजा करते हैं, मैं ही उसका फल उसी देव के द्वारा देता हूँ, जहाँ उनकी आस्था है। इस प्रकार उनकी आस्था वहीं दृढ़ कर देता हूँ। यह फल मोक्ष की तुलना में अल्पकालिक होने के कारण अत्यंत तुच्छ है।

देवता निर्वाण अथवा मुक्ति नहीं दे सकते। मुक्ति का मार्ग केवल परमेश्वर

ही है। सकाम कर्म करने का फल अल्प है। निष्काम कर्म करने से चित्त की शुद्धि होती है। भगवान् की प्राप्ति कर कर्म स्वयं निष्काम हो जाते हैं। फल की कामना समाप्त हो जाती है।

श्लोक : 14

न मां कर्माणि लिम्पन्ति न मे कर्मफले स्पृहा।
इति मां योऽभिजानाति कर्मभिर्न सः बध्यते॥

अन्वय—

न माम् कर्माणि लिम्पन्ति न में कर्म फले स्पृहा।
इति माम् यः अभिजानाति कर्मभिः सः न बध्यते॥

अर्थ—कर्म मुझे लिप्त नहीं करते, न ही कर्मफल में मेरी आकांक्षा है। ऐसा जो मुझे जान लेता है, वह कर्मों में नहीं बँधता।

व्याख्या—जो कर्मों के द्वारा भक्ति करके प्रभु को प्रसन्न करने का प्रयास करते हैं, वे नेक कर्मों को ही भक्ति मान लेते हैं। श्रीकृष्ण कह रहे हैं कि न तो मैं कर्मों से लिप्त होता हूँ और न ही मेरी कर्मों में आकांक्षा है।

भाव जो मनुष्य जैसे कर्म करता है, वे उसके अपने लिए हैं। कर्मों के अनुसार, वह उस जीवन के भोगों को भोगता है और कर्मों के आधार पर ही आगे का जन्म भोग मिलते हैं। सत्रहवें अध्याय में श्रीकृष्ण ने गुणों के अनुसार, कर्म करते हुए जन्म प्राप्त करने की विस्तार से व्याख्या की है।

मनुष्य सतोगुण के आधार पर जो कर्म करता है, वह सुसंस्कारी तथा वैभवशाली परिवार में जन्म लेता है। रजोगुण के कर्मों के आधार पर मध्यम वर्ग तथा तमोगुणी कर्म करके मनुष्य नीच योनि को प्राप्त होता है। निहितार्थ यह कि मनुष्य जैसे कर्म करता है, उसी अनुसार वह जीवन जीता है।

मानव जो भी कर्म अच्छे या बुरे कर रहा है, परमात्मा उससे निर्लेप हैं।

श्रीकृष्ण ने कहा है कि कर्मों में मेरी कोई स्पृहा नहीं है। जो इस तथ्य को जान लेता है कि मेरी प्राप्ति का मार्ग, कर्मों से संभव नहीं है, वह फिर कर्मों से नहीं बँधता, वह मेरी प्राप्ति का यत्न करता है।

श्लोक : 19

यस्य सर्वे समारम्भाः काम-संकल्पवर्जिताः।
ज्ञानाग्निदग्धकर्माणं तमाहुः पण्डितं बुधाः॥

अन्वय—

यस्य सर्वे समारम्भाः काम संकल्प वर्जिताः।
ज्ञान अग्नि दग्धः कर्माणम् तम् आहुः पण्डितम् बुधाः॥

अर्थ—जिसके सब प्रयत्न कामनाएँ फल रहित हैं। ज्ञान अग्नि के द्वारा जिसके कर्म भस्म हो चुके हैं, उसे बुद्धिमान ज्ञानी कहते हैं।

व्याख्या—यहाँ श्रीकृष्ण कह रहे हैं कि मनुष्य को जब तक तत्त्व ज्ञान की जानकारी नहीं होती, वह कर्मों से जुड़ा रहता है। जीवन का मुख्य उद्देश्य (परमात्मा का ज्ञान, परमात्मा की प्राप्ति) है, जो कि वह कर्मों से ही प्राप्त करना चाहता है। वह, अच्छे कर्म अच्छा फल ही प्रदान करेंगे, को ही अपना लक्ष्य मान लेता है। उपनिषद् कहते हैं, "उत्तिष्ठत जाग्रत प्राप्य वरान्निबोधत। उठो, जागो, इसका वरण करके बोध प्राप्त करो।"

परमात्मा को जानकर परमतत्त्व का बोध हासिल करके वह फिर कर्मों से नहीं बँधता। परमात्मा के दर्शन करते हुए जो भी कर्म वह करता है, स्वयं ही वे कर्म सुकर्म हो जाते हैं, क्योंकि वे सारे कर्म प्रभु को समर्पित होते हैं। श्रीकृष्ण ने कहा है, जिसके कर्म ज्ञानरूपी अग्नि के द्वारा भस्म हो गए हैं, वही बुद्धिमान ज्ञानी पंडित है। भाव यह कि परमात्मा का ज्ञान प्राप्त करके ही मनुष्य कर्मों के बंधन से छूट सकता है।

परमात्मा की प्राप्ति तो असंभव है, मन में यह धारणा बनाकर मानव इसको प्राप्त करने का प्रयास ही नहीं करता। इसको जानने की जिज्ञासा कुछ भक्तों को होती है। श्रीकृष्णजी ने गीता में कहा है कि परमात्. जानने योग्य है और इसे जानने के बाद कुछ भी जानने योग्य नहीं रह जाता। आदिग्रंथ में कहा है—

"मन तू जोत सरूप है अपना मूल पछान।
मन हरजी तेरे नाल है गुरुमति रंग मान॥"

हे मानव! तू जिस परमात्मा का अंश है, इसकी पहचान कर। प्रभु ईश्वर तेरे साथ है, गुरु से समझ लेकर तू इसका आनंद ले सकता है। इसकी पहचान करना ही ज्ञान प्राप्त करना है। जिसके पास यह ज्ञान है वही पंडित है, ऐसा तू जान।

श्लोक : 23

गतसङ्गस्य मुक्तस्य ज्ञानावस्थितचेतसः।
यज्ञायाचरतः कर्म समग्रं प्रविलीयते॥

अन्वय—

गत-सङ्गस्य मुक्तस्य ज्ञान अवस्थित चेतस:।
यज्ञाय आचरत: कर्म समग्रम् प्रविलीयते॥

अर्थ—जो प्रकृति के गुणों के प्रति अनासक्त हैं। दिव्य ज्ञान में पूर्णतया स्थित है, उसके सारे कर्म ब्रह्ममय होते हैं।

व्याख्या—परमात्मा के ज्ञान को पाकर जो कर्म होता है, वह हर कर्म ब्रह्ममय हो जाता है। आदिग्रंथ में कहा है—

"तिनका खाया-पिया पहनया सब पवित्र है, जो राम रच राखे॥"

भाव यह कि उसका खाना-पीना-सोना-पहनना सब सार्थक है, जिसने अपने परमपिता परमात्मा को जान लिया है, जिसने प्रभु को प्राप्त कर लिया है। जिस लक्ष्य को प्राप्त करने के लिए मनुष्य ने जन्म लिया है, वह लक्ष्य उसने प्राप्त कर लिया है।

श्रीकृष्णजी ने गीता में इसका वर्णन किया है कि जो मनुष्य उठते हुए, बैठते हुए, सोते हुए, देखते हुए, सुनते हुए, त्यागते हुए हर समय परमात्मा को देखता हुआ सब कर्म करता है और कहता है कि परमात्मा ही मुझसे यह सब करवा रहा है, वह ज्ञानी भक्त मुझे विशेष प्रिय है।

राग-द्वेष से मुक्त वह भक्त जिसका हर कर्म ज्ञान से जुड़ा है, जिसका चित्त विचलित नहीं होता, उसका हर कर्म यज्ञरूप होता है, फिर वह प्रकृति के गुणों में आसक्त नहीं होता। भाव यह कि वह जीवन में धूप-छाँव, गरमी, सर्दी, दुःख-सुख इसी में अपने का उलझाए नहीं रखता।

श्लोक : 27

सर्वाणीन्द्रियकर्माणि प्राणकर्माणि चापरे।
आत्मसंयमयोगाग्नौ जुह्वति ज्ञानदीपिते॥

अन्वय—

सर्वाणि इन्द्रिय कर्माणि प्राण-कर्माणि च अपरे।
आत्म संयम योग अग्नौ जुह्वति ज्ञान-दीपिते॥

अर्थ—अन्य (दूसरे लोग) समस्त इंद्रियों के कर्म, प्राणवायु के कर्म भी आत्म-संयम योग ज्ञान को अग्निरूपी रोशनी से आहुति देते हैं।

व्याख्या—यहाँ श्रीकृष्ण कह रहे हैं कि ज्ञानरूपी यज्ञ करके इसकी रोशनी में आत्म-संयम से इंद्रियाँ जो कर्म करें, वही यज्ञ है, अर्थात् परमात्मा का ज्ञान पाकर, फिर हर कर्म भक्ति कहलाता है, जैसा कि 23वें श्लोक में भी कहा है कि उनका

उठना-बैठना, खाना-पीना, बोलना, देखना-सुनना सब प्रभुमय हो जाता है।

प्रभु के सान्निध्य में जो भी कर्म होता जाएगा, वह स्वयमेव ही संयमी और सहज होगा। श्रीकृष्णजी ने कहा है तू जो भी कर्म करता जा, वह सब मुझे समर्पित करता जा। भाव यह कि जो कर्म हम अपना समझकर करते हैं एक अनिश्चितता बनी रहती है कि यह सही है या गलत, परंतु, जब प्रभु को समर्पण करके कर्म करते हैं तो प्रभु निश्चित ही हमसे हर कर्म सही कराएँगे। ज्ञान की रोशनी में इंद्रियों के कर्म संतुलित और संयमी हो जाते हैं, यही कृष्णजी इसमें कह रहे हैं।

श्लोक : 28

द्रव्ययज्ञास्तपोयज्ञा योगयज्ञास्तथापरे।
स्वाध्यायज्ञानयज्ञाश्च यतयः संशित्व्रताः॥

अन्वय—

द्रव्य-यज्ञाः तपःयज्ञाः योग-यज्ञाः तथा आपरे।
स्वाध्याय ज्ञान-यज्ञाः च यतयः संशित-व्रताः॥

अर्थ—द्रव्य द्वारा यज्ञ, तप द्वारा यज्ञ, योग से यज्ञ, इस प्रकार अन्य करते हैं। यती (बुद्धिमान, प्रबुद्ध पुरुष) वेदों का अध्ययन करके दिव्य ज्ञान का यज्ञ करनेवाले दृढ़ व्रतधारी भी हैं।

व्याख्या—बहुत से लोग धन संपत्ति से विविध प्रकार के दान-पुण्य करते हैं। ये सब द्रव्य यज्ञ कहलाते हैं। अन्य जन सुखों का त्याग करके शरीर को कष्ट देकर तप करते हैं, यह तप यज्ञ कहलाता है। अनेक जन योग पद्धतियों का उपयोग करके अष्टांग योग, हठयोग करते हैं, वे योग-यज्ञ कहलाते हैं।

बुद्धिमान लोग वेदों का अध्ययन करके ज्ञान की रोशनी प्राप्त करके जो कर्म करते हैं, वह ज्ञान-यज्ञ कहलाता है, जो सब यज्ञों में श्रेष्ठ यज्ञ जाना जाता है। यह यज्ञ करके मनुष्य का मानव जन्म सफल हो जाता है। उसका फिर बार-बार जन्म नहीं होता। ज्ञान-यज्ञ के द्वारा वह मोक्ष को प्राप्त होता है और भव-सागर से पार हो जाता है। आदिग्रंथ में भी कहा है—

"भई प्राप्त मानुख देहुरिया, गोविंद मिलन की एहो तेरी बरिया।
अवर काज तेरे किते न काम, मिल साध-संगत भज केवल नाम॥"

भाव यह कि बड़े भाग्य से मनुष्य जन्म मिला है। यह परमात्मा को पाने के लिए, प्रभु-प्राप्ति के लिए मिला है। प्रभु की प्राप्ति, जिसे हम मोक्ष की प्राप्ति कहते हैं, मनुष्य योनि में ही संभव है। अन्य किसी भी योनि में प्रभु-प्राप्ति संभव नहीं है।

आगे कहा गया है कि अन्य जो भी कर्म हैं, वे तेरे किसी काम के नहीं, अगर तूने परमात्मा को नहीं जाना, सबसे श्रेष्ठ कार्य परमात्मा को जानकर इसकी भक्ति करें।

यहाँ भी श्रीकृष्णजी ने ज्ञान-यज्ञ को सबसे उत्तम यज्ञ कहा है। यह यज्ञ करके मनुष्य जन्म सफल हो जाता है। वह बार-बार जन्म-मरण के बंधन से मुक्त हो जाता है, मोक्ष को प्राप्त होता है। श्रीकृष्णजी ने कहा है कि ज्ञानरूपी नौका में बैठकर मनुष्य भव-सागर से पार हो जाएगा।

श्लोक : 33

श्रेयान्द्रव्यमयाद् यज्ञाज्ज्ञानयज्ञः परन्तप।
सर्वं कर्माखिलं पार्थ ज्ञाने परिसमाप्यते॥

अन्वय—

श्रेयान् द्रव्य-मयात् यज्ञात् ज्ञान-यज्ञः परन्तप।
सर्वम् कर्म अखिलम् पार्थ ज्ञाने परिसमाप्यते॥

अर्थ—हे परतप पार्थ! द्रव्य ज्ञान से ज्ञान यज्ञ श्रेष्ठ है। सारे कर्म यज्ञों का अवसान (समापन) ज्ञान में ही होता है।

व्याख्या—पिछले श्लोक में भी श्रीकृष्ण ने कहा है कि सबसे श्रेष्ठ ज्ञान-यज्ञ है। इस श्लोक में पुनः दोहरा रहे हैं कि द्रव्य ज्ञान से ज्ञान-यज्ञ श्रेष्ठ है। इस यज्ञ को करने से मनुष्य के सारे कर्म ज्ञान-यज्ञ में समाविष्ट हो जाते हैं। आदिग्रंथ में कहा है—

"ज्ञाने खातिर करे अभ्यास, ज्ञान भया तो कर्मे नास।"

ज्ञान-प्राप्ति के लिए मनुष्य कई प्रकार के कर्म करता है, जब परमात्मा का ज्ञान प्राप्त हो जाता है, फिर उन कर्मों की अहमियत समाप्त हो जाती है। भाव यह कि मनुष्य किसी भी विषय की जानकारी प्राप्त करने के लिए तब तक प्रयासरत रहता है, जब तक वह जानकारी हासिल नहीं हो जाती। जब उसका वह लक्ष्य पूरा हो जाता है, उसकी अभ्यास प्रक्रिया समाप्त हो जाती है।

जैसे बच्चा आरंभ में क, ख, ग लिखने का रोज अभ्यास करता है पर ज्यों-ज्यों बड़ा होता जाता है, बड़े-बड़े शब्द, वाक्य लिखते-लिखते अंततः वह एक दिन डॉक्टर बन जाता है। अब वह प्रतिदिन क, ख, ग लिखने का अभ्यास नहीं करता।

इसी प्रकार परमात्मा का ज्ञान प्राप्त करना ही मानव जीवन का लक्ष्य है। इस लक्ष्य-प्राप्ति का यत्न करने हेतु मनुष्य कई प्रकार के कर्म करता है। लक्ष्य की प्राप्ति कर, फिर उसका आनंद लेता है। इस स्थिति को ही सच्चिदानंद (सत्, चित्, आनंद) कहते हैं। भाव यह कि चित्त में सत्य समा जाता है तो आनंद है। प्रभु परमात्मा के ज्ञान (सत्य) को पाना ही ज्ञान-यज्ञ है।

श्लोक : 34

तद्विद्धि प्रणिपातेन परिप्रश्नेन सेवया।
उपदेक्ष्यन्ति ते ज्ञानं ज्ञानिनस्तत्त्वदर्शिनः॥

अन्वय—

तत् विद्धि प्रणिपातेन परिप्रश्नेन सेवया।
उपदेक्ष्यन्ति ते ज्ञानम् ज्ञानिनः तत्त्व दर्शिनः॥

अर्थ—इस (प्रभु) को जानो, चरणों में नमस्कार करके, जिज्ञासापूर्ण प्रश्न करके, सेवा करके। वे तुझे ज्ञान का उपदेश देंगे, ज्ञानी जन, तत्त्वदर्शी।

व्याख्या—ग्रंथों में जिक्र आता है कि भगवान् को प्राप्त करना ही मानव जीवन का मुख्य उद्देश्य है। मनुष्य जीवन जिसे हीरे जैसा जन्म भी कहा गया है, उसकी सार्थकता परमात्मा को पाने में है, वरना यह जन्म कौड़ी के भाव कहा गया है। प्रभु को जानने का मानव प्रयास ही नहीं करता। वह यही मानकर चलता है कि इसे कोई पा नहीं सकता, यह बड़ा कठिन है, परंतु श्रीकृष्णजी इसकी प्राप्ति का मार्ग इस श्लोक में बता रहे हैं कि जिसे परमात्मा के दर्शन की अभिलाषा है, वह तत्त्वदर्शी (जिसने परमात्मा के तत्त्व रूप अविनाशी रूप के दर्शन किए हैं) ज्ञानी जन (जिसे परमपिता के निराकार रूप का ज्ञान है) चरणों में नमस्कार करके, सविनय निवेदन करके, उन्हें सेवा से प्रसन्न कर प्रभु परमात्मा को जान सकता है।

प्रभु को जानने के बाद कबीर जी ने कहा था—

"अल्लोह लख न जाए लखया, गुरु गुड़ दीना मीठा,
कहे कबीर मेरी संसा नासी, सर्व निरंजन डीठा।"

भाव यह कि इस लक्ष्य तक पहुँचना कठिन था पर गुरु की कृपा से (भाव मीठा गुड़ दे दिया) इस लक्ष्य को मैंने प्राप्त कर लिया है। परमात्मा को देख लेने के बाद मेरे सारे भ्रम समाप्त हो गए हैं, यानी परमात्मा का ज्ञान तत्त्वदर्शी से ही पाया जा सकता है।

श्लोक : 35

यज्ज्ञात्वा न पुनर्मोहमेवं यास्यसि पाण्डव।
येन भूतान्यशेषेण द्रक्ष्यस्यात्मन्यथो मयि॥

अन्वय—

यत् ज्ञात्वा न पुनः मोहम् एवम् यास्यसि पाण्डव।
येन भूतानि अशेषेण द्रक्ष्यसि आत्मनि अथो मयि॥

अर्थ—हे पांडव! इसे जानकर तुम पुनः मोह को नहीं प्राप्त करोगे। इस ज्ञान के द्वारा तुम सब प्राणियों में मुझ परमात्मा का अंश देख पाओगे।

व्याख्या—जब इस निराकार परामात्मा की अनुभूति हो जाती है, इसका ज्ञान हो जाता है, फिर सब परमात्मामय नजर आता है। सबमें इसका अंश नजर आता है। परमात्मा को जानने के बाद कोई छोटा या बड़ा नजर नहीं लगता। कोई भेद नहीं रह जाता और मानव मोह से मुक्त हो जाता है। महसूस होता है कि सबकुछ प्रभु ही है, प्रभु से अलग कुछ है ही नहीं। यहीं श्रीकृष्णजी कह रहे हैं कि प्रभु को जाने बिना यह अवस्था नहीं हो सकती।

श्लोक : 36

अपि चेदसि पापेभ्यः सर्वेभ्यः पापकृत्तमः।
सर्वं ज्ञानप्लवेनैव वृजिनं सन्तरिष्यसि॥

अन्वय—

अपि चेत् असि पापेभ्यः सर्वेभ्यः पाप-कृत्-तमः।
सर्वम् ज्ञान-प्लवेन एव वृजिनम् सन्तरिष्यसि॥

अर्थ—यदि तुम समस्त पापियों से भी अधिक पाप करनेवाले हो, ज्ञानरूपी नौका द्वारा निश्चय ही दुःख-सागर से तर जाओगे।

व्याख्या—अर्जुन को यहाँ श्रीकृष्णजी कह रहे हैं कि कितना भी बड़ा से बड़ा पापी क्यों न हो, ज्ञान प्राप्त करके वह इस भव-सागर से पार हो सकता है, यानी जन्म-मरण से मुक्त होकर मोक्ष को प्राप्त कर सकता है। यहाँ बार-बार ज्ञान प्राप्त करने की बात कही जा रही है। अकसर लोग कह देते हैं कि हम तो बड़े पापी हैं, हम परमात्मा को कैसे पा सकते हैं पर यहाँ श्रीकृष्णजी कह रहे हैं कि यदि तुम पापी से भी अधिक पापी हो तो भी परमात्मा का ज्ञान पाकर, परमात्मा को जानकर इस भव-सागर से पार हो जाएगा, जन्म के बंधन से मुक्त हो जाएगा।

श्लोक : 37

यथैधांसि समिद्धौऽग्निर्भस्मसाम्त्कुरूतेऽर्जुन।
ज्ञानाग्नि सर्वकर्माणि भस्मसात्कुरुते तथा।

अन्वय—

यथा एंधासि सद्धिः अग्नि भस्म-सात् कुरुते अर्जुन।
ज्ञान-अग्निः सर्व-कर्माणि भस्म-सात् कुरुते तथा॥

अर्थ—जैसे जलती हुई अग्नि ईंधन को भस्म कर देती है, उसी प्रकार हे अर्जुन! ज्ञानरूपी अग्नि कर्मों के समस्त फल जला देती है।

व्याख्या—हम यही समझते हैं कि कर्मों के अनुसार, फल मिलता है। हमारे कर्म तो ऐसे नहीं हैं कि हम परमात्मा का ज्ञान प्राप्त कर सकें। इसके लिए तो बड़े नेक कर्म होने चाहिए पर श्रीकृष्णजी कहते हैं कि ज्ञान को पाकर (परमात्मा को जानकर) कर्मफल भी नष्ट हो जाते हैं। उसका फल नहीं मिलता, यानी ज्ञान लेकर मनुष्य पाप और पुण्य के सारे कर्मों से मुक्त होकर परमात्मा से जुड़ जाता है और परम आनंद की अनुभूति होती है।

उन्होंने उदाहरण देकर बताया कि जैसे कैसी भी लकड़ी हो, चंदन या बाँस हो अग्नि सबको जला देती है, इसी प्रकार ज्ञानरूपी अग्नि पाप और पुण्य के सारे कर्मों के फल समाप्त कर देती है।

श्लोक : 38

न हि ज्ञानेन सदृशं पवित्रमिह विद्यते।
तत्स्वयं योग संसिद्धः कालेन आत्मनि विन्दति॥

अन्वय—

न हि ज्ञानेन सदृशम् पवित्रम् इह विद्यते।
तत् स्वयम् योग संसिद्धः कालेन आत्मनि विन्दति॥

अर्थ—इस लोक में ज्ञान के समान पवित्र और कुछ नहीं है। सिद्धपुरुष समय आने पर अपने आप ही स्वयं अनुभव करते हैं।

व्याख्या—अर्थात् ज्ञान ही सबसे पवित्र है। ज्ञान के समान पवित्र वस्तु और कुछ है ही नहीं। मनुष्य भक्ति करने के लिए अपने तन को पवित्र करता है। तन भी भौतिक वस्तु है और इसे पवित्र करने का सामान जल इत्यादि सब भौतिक वस्तुएँ हैं। भौतिक सामान से भौतिक वस्तु तो पवित्र हो सकती है, परंतु आत्मा की पवित्रता केवल परमात्मा का ज्ञान पाकर ही संभव है। इस तन को श्रीकृष्ण कह रहे हैं कि ज्ञान द्वारा जो पवित्र करता है वही पवित्रता स्थायी है। वह सिद्ध पुरुष अपने आपको हर समय पवित्र मानकर परमात्मा से जुड़ा रहता है। प्रभु की भक्ति का आनंद हर क्षण महसूसता है।

इस तन को बार-बार पवित्र करना पड़ता है, क्योंकि यह कुछ समय के बाद, फिर अपवित्र (गंदा) हो जाता है। आत्मा एक बार जो परमात्मा का ज्ञान पाकर पवित्र होती है, वह भटकन से बच जाती है और सदैव के लिए पवित्र हो जाती है।

श्लोक : 39

श्रद्धावाँल्लभते ज्ञानं तत्परः संयतेन्द्रियः।
ज्ञानं लब्ध्वा परां शान्तिमचिरेणाधिगच्छति॥

अन्वय—

श्रद्धा-वान् लभते ज्ञानम् तत्-परः संयत इन्द्रियः।
ज्ञानम् लब्ध्वा पराम् शान्तिम् अचिरेण अधिगच्छति॥

अर्थ—ईश्वर में श्रद्धा रखनेवाले ब्रह्मज्ञान प्राप्त करते हैं। उसके बाद इंद्रियों को संयमित रखते हैं और ज्ञान प्राप्त करके शीघ्र ही परमशांति पाकर मोक्ष को प्राप्त कर जाते हैं।

व्याख्या—जिन्हें ईश्वर को जानने की इच्छा होती है, वे श्रद्धावान ब्रह्मज्ञान प्राप्त करते हैं ज्ञान प्राप्त करने के पश्चात् ज्ञानी व्यक्ति के लिए कोई भी कर्तव्य बाकी नहीं रह जाता। उसका चित्त परमशांति परम आनंद की अवस्था में आ जाता है। परमात्मा को हर समय अपने निकट महसूस करके उसमें ही मग्न रहता है, अर्थात् जिस लक्ष्य को प्राप्त करने के लिए उसे मनुष्य जन्म मिला है, वह लक्ष्य पूरा हो गया तो फिर इंद्रियाँ संयम में रहकर आचरण करती हैं। वह ज्ञान प्राप्त करके भाग्यशाली हो जाता है।

श्लोक : 40

अज्ञश्चाश्रद्दधानश्च संश्यात्मा विनश्यति।
नायं लोकोऽस्ति न परो न सुखं संशयात्मनः॥

अन्वय—

अज्ञः च अश्रद्धानः च संशय आत्मा विनश्यति।
न अयम् लोकः अस्ति न परः न सुखम् संशय आत्मनः॥

अर्थ—श्रद्धारहित मूर्ख (अज्ञानी) संदेह करनेवाली आत्मा (मानव) का नाश हो जाता है। संशययुक्त आत्मा को न इस लोक में न तो परलोक में सुख है।

व्याख्या—यहाँ भगवान् श्रीकृष्ण ज्ञानी-श्रद्धावान् पुरुष के लक्षण बता रहे हैं कि वह परम आनंद में हर पल होता है। इसके विपरीत वह श्रद्धारहित अज्ञानी पुरुष के लक्षण बता रहे हैं कि जो अज्ञानी है, श्रद्धारहित है, उसका नाश हो जाता है, वह सुख, चैन व शांति से वंचित होता है। ऐसे मानव को न तो इस लोक में सुख है और न परलोक में वह सुख पाता है।

भाव यह कि अगर सुखी होना है तो परमात्मा का ज्ञान प्राप्त करना आवश्यक है।

श्लोक : 41

योगसन्यस्तकर्माणं ज्ञानसञ्छिन्नसंशयम्।
आत्मवन्तं न कर्माणि निबध्नन्ति धनञ्जय॥

अन्वय—

योग सन्यस्त कर्माणम् ज्ञान सञ्छिन्न संशयम्।
आत्म वन्तम् न कर्माणि निबध्नन्ति धनञ्जय॥

अर्थ—जिसने ज्ञानयोग के द्वारा सब कर्मफल त्याग दिए हैं, अपने अंत:करण से संशय भी काट दिए हैं, वे कर्म में नहीं बँधते।

व्याख्या—अर्थात् जिन्हें परमात्मा का ज्ञान हो जाता है, फिर उसके सारे भ्रम और संशय समाप्त हो जाते हैं, फिर वह जो भी कर्म करे, उसे उसके फल की चिंता नहीं होती। उसका हर कर्म प्रभु को अर्पित होता है। उसे हर कर्म करते हुए यह एहसास होता है कि यह कर्म प्रभु के द्वारा हो रहा है। उसमें कर्ता होने का भाव नहीं होता।

श्लोक : 42

तस्तादज्ञानसम्भूतं हृत्स्थं ज्ञानासिनात्मन:।
छित्त्वैनं संशयं योगमातिष्ठोत्तिष्ठ भारत॥

अन्वय—

तस्मात् अज्ञान-सम्भूतम् हृत्एथम् ज्ञान असिना आत्मना:।
छित्त्वा एनम् संशयम् योगम् अतिष्ठ उत्तिष्ठ भारत॥

अर्थ—हे भारत! उठो, अज्ञान से उत्पन्न संशय को अपने ज्ञान के शस्त्र से काटकर हृदय में योग को स्थित करो।

व्याख्या—भाव यह है कि जिस हृदय में परमात्मा का ज्ञान नहीं, वह हर समय संशययुक्त है। परमात्मा का ज्ञान हो जाने पर सारे संशय समाप्त हो जाते हैं। यहाँ श्रीकृष्णजी कह रहे हैं कि ज्ञान लेकर अपने हृदय में योग को स्थित करो। योग करने का भाव है अपनी आत्मा को परमात्मा से जोड़ो। इसी योग से प्राप्त ज्ञान से अज्ञान समाप्त होता है।

श्रीकृष्णजी ने श्रीमद्‌भगवद्‌गीता में ज्ञान प्राप्त करके ही कर्म करने पर बल दिया है।

□

पाँचवाँ अध्याय

श्लोक : 6

सन्न्यासस्तु महाबाहो दुःखमाप्तुमयोगतः।
योगयुक्तो मुनिर्ब्रह्म न चिरेणाधिगच्छति॥

अन्वय—

सन्न्यासः तु महाबाहो दुःखम् आप्तुम अयोगतः।
योग-युक्तः मुनिः ब्रह्म न चिरेण अधिगच्छित॥

अर्थ—हे महाबाहो! मनुष्य परमात्मा से युक्त (योग) हुए बिना भक्ति करते हुए भी दुःखों से प्रभावित होता है, लेकिन परमात्मा से योग करके मुनि परमेश्वर को शीघ्र ही प्राप्त करता है।

व्याख्या—परमात्मा की भक्ति करनेवाला हृदय से भक्ति करता है, परंतु जीवन में जो भी दुःख-सुख आएँ उनसे प्रभावित होता ही है। जिसने परमात्मा को जाना नहीं, प्रभु को प्राप्त नहीं किया, उसे भौतिक दुःख अति विचलित करते हैं। सुख होते हैं तो ख़ुशी और आनंद अनुभव करता है, लेकिन दुःख होने पर वह विचलित हो जाता है।

अतः जो परमात्मा से योग कर लेता है, जुड़ जाता है, उसे श्रीकृष्णजी मुनि कह रहे हैं, वह चिंतक होता है। वह विचारवान व्यक्ति शीघ्र ही परमेश्वर को प्राप्त करता है। भाव यह कि परमेश्वर को पाकर वह मुनि दुःख और भय से मुक्त हो जाता है। शारीरिक या भौतिक पीड़ा उसे व्यथित नहीं करती।

श्लोक : 7

योगयुक्तो विशुद्धात्मा विजितात्मा जितेन्द्रियः।
सर्वभूतात्मभूतात्मा कुर्वन्नपि न लिप्यते॥

अन्वय—

योग-युक्त: विशुद्ध-आत्मा विजित-आत्मा जित-इन्द्रिय:।
सर्व-भूत आत्म-भूत-आत्मा कुर्वन-अपि न लिप्यते॥

अर्थ—परमात्मा से योग करके (मनुष्य) शुद्ध आत्मा, आत्मसंयमी, इंद्रियों को जीतनेवाला, सब जीवों के प्रति दयालु, कर्म करता हुआ भी कर्मों से बँधता नहीं है।

व्याख्या—जो मनुष्य परमात्मा से जोड़ कर लेता है, जिसकी आत्मा का योग परमात्मा से हो जाता है, उसमें परमात्मावाले गुण स्वाभाविक ही आ जाते हैं। वह शुद्ध आत्मावाला, आत्मसंयमी, अपनी इंद्रियों को नियंत्रित रखनेवाला, हर जीव के प्रति दया रखनेवाला होता है, फिर वह जो भी कर्म करता है, उससे लिप्त नहीं होता। भाव यह कि उसे अपने कर्म करने का अहंकार नहीं होता। वह जानता है कि यह सब कर्म प्रभु करानेवाला है। उसे अपने कर्ता होने का एहसास नहीं होता, प्रभु को ही कर्ता मानता है।

परमात्मा की पहचान होना, परमात्मा को देख लेना ही योग है। योग करके मनुष्य परमात्मा ही हो जाता है। वह फिर कह सकता है 'अहं ब्रह्म अस्मि' मैं ब्रह्म हूँ।

श्लोक : 8 एवं 9

नैव किंचित्करोमीति युक्तो मन्येत तत्त्ववित्।
पश्यञ्शृण्वन्स्पृशञ्जिघ्रन्नश्नन्गच्छन्स्वपञ्श्वसन्॥
प्रलपन्विसृजन्गृह्णन्नुन्मिषन्निमिषन्नपि।
इन्द्रियाणीन्द्रियार्थेषु वर्तन्त इति धारयन् ॥

अन्वय—

न एव किंचित् करोमि इति युक्त: मन्येत तत्त्ववित्।
पश्यन् शृण्वन् स्पृशन् जिध्रन् अशनन् गच्छन् स्वपन् श्वसन्॥
प्रलपन् विसृजन् गृहणन् उन्मिषन् निमिषन् अपि।
इन्द्रियाणि इन्द्रिय-अर्थेषु वर्तन्ते इति धरयन्॥

अर्थ—दिव्य भावना से युक्त (पुरुष) देखते, सुनते, स्पर्श करते, सूँघते, खाते, जाता हुआ, स्वप्न देखते हुए, साँस लेते हुए, निश्चित ही वह जानता है कि वह कुछ नहीं करता। बोलते, त्यागते, ग्रहण करते हुए, आँखें खोलते-बंद करते हुए भी यह मानता है कि इंद्रियाँ अपने-अपने कार्य कर रही है।

व्याख्या—दिव्य भावना से युक्त (पुरुष) जो परमात्मा से जुड़ जाता है, वह

अपने को शरीर नहीं मानता। इंद्रियाँ अपने अपने कर्म कर रही हैं और वह इंद्रियों के कर्मों के साथ नहीं जुड़ता। वह अपने को परमात्मा का अंश जानते हुए परमात्मा का बोध करके इसमें ही लिप्त रहता है। उसके अंतस में हर समय परमात्मा का योग रहता है। उसे ही श्रीकृष्णजी योगी कहते हैं।

श्लोक : 11

कायेन मनसा बुद्धया केवलैरिन्द्रियैरपि।
योगिनः कर्म कुर्वन्ति संङ्गं त्यक्त्वात्मशुद्धये॥

अन्वय—

कायेन मनसा बुद्धया केवलैः इन्द्रियैः अपि।
योगिनः कर्म कुर्वन्ति संङ्गं त्यक्तवा आत्म शुद्धये॥

अर्थ—योगी जन आसक्ति को त्यागकर आत्मशुद्धि के लिए शरीर, मन और बुद्धि की शुद्धि के लिए कर्म करते हैं।

व्याख्या—योगी वे हैं, जिनका परमात्मा के साथ योग हो जाता है, जो शरीर की इंद्रियों से आसक्ति नहीं रखते। शरीर के कर्मों से लिप्त नहीं होते, फिर भी वे स्वाभाविक ही मन एवं बुद्धि और शरीर की शुद्धि का भी यत्न करते हैं, अपनी आत्मिक शुद्धि के लिए। वे मन, बुद्धि और शरीर से भी कोई अशुब्द्ध कार्य नहीं करते।

श्लोक : 12

युक्तः कर्मफलं त्यक्त्वा शान्तिमाप्नोति नैष्ठिकीम्।
अयुक्तः कामकारेण फले सक्तो निबध्यते॥

अन्वय—

युक्तः कर्म-फलम् त्यक्त्वा शान्तिम् आप्नोति नैष्ठिकीम्।
अयुक्तः काम-कारेण फले सक्तः निबध्यते॥

अर्थ—परमात्मा से युक्त निश्चल (भक्त) कर्मफल को त्यागकर शांति प्राप्त करता है। परमात्मा से युक्त हुए बिना कर्मफल के कारण लिप्त होकर बँधता है।

व्याख्या—अकसर श्लोकों में उन्होंने परमात्मा से जोड़ करने की, परमात्मा को जानने की, परमात्मा से युक्त होने की बात की है कि जो परमात्मा को देख लेता है, वही परमात्मा से युक्त हो जाता है। वह कर्म करते हुए भी फल के बारे में नहीं सोचता और आसक्त हुए बिना अपना कर्म करता है और बहुत शांति महसूस करता है।

परमात्मा से जुड़े बिना कर्मफल से विरक्ति नहीं हो सकती। जो नहीं जुड़ा है, जिसने परमात्मा से योग नहीं किया, वह कर्मफल को लेकर उसी की चिंता में लीन रहता है, उससे अलग नहीं होता। परमसत्य के ज्ञान के बिना लोभ में फँसा रहता है। उसे शांति नहीं मिलती।

श्लोक : 15

नादत्ते कस्यचित्पापं न चैव सुकृतं विभुः।
अज्ञानेनावृतं ज्ञानं तेन मुह्यन्ति जन्तवः॥

अन्वय—

न आदत्ते कस्यचित् पापम् न च एव सु-कृतम् विभुः।
अज्ञानेन आवृतम् ज्ञानम् तेन मुहयन्ति जन्तवः॥

अर्थ—(प्रभु) न पाप को और न ही पुण्य को ग्रहण करते हैं। अज्ञान से ज्ञान ढका हुआ है, इसी मोह से जीव ग्रस्त रहता है।

व्याख्या—मनुष्य यही सोचता है कि यह पुण्य कर लिया तो इसका फल मिलेगा। इसके विपरीत पाप हुआ है तो उसका भी फल भोगना होगा। यह सब ज्ञान न होने के कारण है, यही अज्ञान है। प्रभु का ज्ञान प्राप्त हो जाने पर मनुष्य पाप और पुण्य के मोह में नहीं पड़ता। कर्म प्रभु करा रहे हैं, फिर मनुष्य कर्मों से नहीं बँधता और परमात्मा को ही उसका हर कर्म समर्पित होता है।

श्लोक : 16

ज्ञानेन तु तदज्ञानं येषां नाशि तमात्मनः।
तेषामादित्यवज्ज्ञानं प्रकाशयति तत्परम्॥

अन्वय—

ज्ञानेन तु तत् अज्ञानम् शेषाम् नाशितम् आत्मनः।
तेषाम् आदित्य-वत् ज्ञानम् प्रकाशयति तत् परम्॥

अर्थ—ज्ञान से मनुष्य का अज्ञान नष्ट हो जाता है। परमात्मा सूर्य की रोशनी के समान उनके अंदर ज्ञान प्रकाशित कर देता है।

व्याख्या—ज्ञान की रोशनी से अज्ञान का अँधेरा मिट जाता है। मन में जितने भी भ्रम होते हैं, सब दूर हो जाते हैं, हर तरफ परमात्मा ही नजर आता है। जैसे सूर्य की रोशनी में हर वस्तु स्पष्ट नजर आती है, उसी प्रकार ज्ञान का उजाला पाकर हर समय, हर जगह परमात्मा नजर आने लगता है और जीवन प्रकाशमय हो जाता है।

श्लोक : 17

तद्बुद्धयस्तदात्मानस्तन्निष्ठास्तत्परायणाः।
गच्छन्त्यपुनरावृत्ति ज्ञाननिर्धूटकल्मषाः॥

अन्वय—

तत्-बुद्धयः तत्-आत्मानः तत्-निष्ठा तत्-परायणाः।
गच्छन्ति अपुन—आवृत्तिम् ज्ञान निर्धूत कल्मषाः॥

अर्थ—भगवान् में मन, बुद्धि, निष्ठा रखकर प्रभु की शरण लेकर ज्ञान के द्वारा अज्ञान को दूर करके शुद्ध मनवाले मनुष्य मुक्ति को प्राप्त करते हैं।

व्याख्या—यहाँ श्रीकृष्ण कह रहे हैं कि परमतत्त्व को जानकर आत्मबोध होने पर फिर मनुष्य मन-बुद्धि को निष्ठापूर्वक प्रभु में लगाकर परमात्मा की शरण में रहकर ही मुक्ति प्राप्त करता है। श्रीकृष्ण परमात्मा का ज्ञान लेने को प्रेरित कर रहे हैं और कह रहे हैं कि परमात्मा को जानना ही ज्ञान है और परमात्मा को न जानना अज्ञान है। मानव जीवन का उद्देश्य ही मुक्ति (मोक्ष, जन्म-मरण से मुक्त) प्राप्त करना है। यह मुक्ति परमात्मा को जानकर, इसका ज्ञान लेकर ही पाई जा सकती है। प्रभु को जाने बिना मोक्ष या मुक्ति संभव नहीं है।

श्लोक : 19

इहैव तैर्जितः सर्गो येषां साम्ये स्थितं मनः।
निर्दोषं हि समं ब्रह्म तस्माद् ब्रह्मणि ते स्थिताः॥

अन्वय—

इह एव तैः जितः सर्गः येषाम् साम्ये स्थितम् मनः।
निर्दोषम् हि समम् ब्रह्म तस्मात् ब्रह्मणि ते स्थिताः॥

अर्थ—जिनका मन एक प्रभु में तथा समभाव में स्थित हैं, वे जन्म-मृत्यु के बंधन से मुक्त हैं। वे ब्रह्म समान निर्दोष हैं और सदा ब्रह्म में ही स्थित रहते हैं।

व्याख्या—अर्थात् ब्रह्म, परमात्मा को जाननेवाला भी ज्ञानी बह्म ही हो जाता है। वह सबमें समभाव रखता है। ब्रह्म को जाननेवाला ही कह सकता है "अहं ब्रह्म अस्मि"—मैं ब्रह्म हूँ। परमात्मा विशाल है। इसको जाननेवाला हृदय भी विशाल हो जाता है। परमात्मा दयालु है, वह भी दयालु हो जाता है। प्रभु क्षमाशील है, इसके भी हृदय में किसी के लिए कोई वैर नहीं होता और यह मुक्ति पद को प्राप्त करता है।

श्लोक : 20

न प्रहृष्येत्प्रियं प्राप्य नोद्विजेत्प्राप्य चाप्रियम्।
स्थिरबुद्धिरसम्मूढो ब्रह्मविद् ब्रह्मणि स्थित: ॥

अन्वय—

न प्रहृष्येत् प्रियम् प्राप्य न उद्विजेत् प्राप्य च अप्रियम्।
स्थिर बुद्धि असम्मूढ़: ब्रह्म-वित् ब्रह्मणि स्थित: ॥

अर्थ—ब्रह्मज्ञान होने पर स्थिर बुद्धिवाले मोहरहित ब्रह्मज्ञानी न तो प्रिय वस्तु के मिलने पर हर्षित होते हैं, न अप्रिय वस्तु मिलने पर दु:खी होते हैं।

व्याख्या—भाव यह है वस्तु चाहे प्रिय हो या अप्रिय, ज्ञान न होने पर मानव उससे जुड़ा रहता है। प्रभु को जान लेने के बाद मनुष्य उन सबसे नहीं बँधता। हर समय परमात्मा से नाता जुड़ा होता है। ऐसी स्थिति में प्रिय या अप्रिय वस्तु के मिलने अथवा न मिलने से विचलित नहीं होता।

श्लोक : 23

शक्नोतीहैव य: सोढुं प्राक्शरीरविमोक्षणात्।
कामक्रोधोद्भवं वेगं स युक्त: स सुखी नर: ॥

अन्वय—

शक्नोति इह एव य: सोढुम् प्राक् शरीर विमोक्षणात्।
काम क्रोध उद्भवम् वेगम् स युक्त: स: सुखी नर: ॥

अर्थ—जो ज्ञानीजन देह त्यागने से पहले इस काम-क्रोध के वेग को सहन करने में समर्थ होते हैं, वे नर सुखी होते हैं।

व्याख्या—जीवित रहते हुए ही इस ब्रह्मज्ञान को पाया जा सकता है और प्रभु को जानने के बाद काम-क्रोध वश में आ जाते हैं। वह परमसुख परम आनंद को अनुभव करता है। कठोपनिषद् में कहा है 'आनन्दम् ब्रह्मणों विद्वान् न विभेति कुत: चन', अर्थात् ब्रह्म को जानकर आनंदस्वरूप योगी निर्भय हो जाते हैं॥

श्लोक : 24

योऽन्त: सुखोऽन्तरारामस्तथान्तर्ज्योतिरेव य: ।
स योगी ब्रह्मनिर्वाणं ब्रह्मभूतोऽधिगच्छति॥

अन्वय—

य: अन्त: सुख: अन्त: आराम: तथा अन्त: ज्योति एव य: ।
स: योगी ब्रह्म-निर्वाणम् ब्रह्म-भूत: अधिगच्छति॥

अर्थ—जो अंत:करण में सुख और आनंद का अनुभव करता है, अंत:करण में ही मग्न रहता है, वह पूर्ण योगी है और परब्रह्म में मुक्ति पाता है और अंत में ब्रह्म को ही प्राप्त होता है।

व्याख्या—भाव यही है कि जो ब्रह्म (परमात्मा) की जानकारी होने के बाद अपने भीतर सुख का अनुभव करता है, बाहर भौतिक स्थिति कैसी भी हो, उसकी आत्मा इस परब्रह्म परमात्मा से जुड़ी होने पर इसी में मग्न रहती है। वह मनुष्य अंत में परमात्मा में लीन हो जाता है और भव-सागर से पार हो जाता है, मुक्त हो जाता है।

श्लोक : 25

लभन्ते ब्रह्मनिर्वाणमृषय: क्षीणकल्मषा:।
छिन्नद्वैधा यतात्मान: सर्वभूतहिते रता:॥

अन्वय—

लभन्ते ब्रह्म-निर्वाणम् ऋषय: क्षीण-कल्मषा।
छिन्न द्वैधा यत-आत्मान: सर्वभूत हिते रता:॥

अर्थ—ऋषिजन ब्रह्म को पाकर सब पापों से रहित हो जाते हैं। आत्म-साक्षात्कार करके द्वैत को समाप्त करके सबके हित में लग जाते हैं।

व्याख्या—यहाँ श्रीकृष्ण इसी बात पर जोर दे रहे हैं कि आत्म-साक्षात्कार क्या है। अपनी आत्मा को देखना ही आत्म-साक्षात्कार है। परमात्मा का साक्षात्कार करनेवाला, दर्शन करनेवाला ही आत्मा का साक्षात्कार, दर्शन कर पाता है, क्योंकि आत्मा परमात्मा का स्वरूप है। जो ब्रह्म के दर्शन कर लेता है, वह ऋषि कहलाता है। वही मुक्ति को प्राप्त करता है।

परमात्मा को देख लेने के बाद से उसे हर वस्तु में परमात्मा का रूप नजर आने लगता है। कोई बेगाना नहीं लगता। किसी से द्वैत नहीं होता, जब किसी से नहीं होता तो फिर पाप भी नहीं होता। ब्रह्मज्ञान पाकर जहाँ मनुष्य सब दु:खों से मुक्त होता है, वहाँ मन भी निर्मल और पवित्र हो जाता है।

श्लोक : 29

भोक्तारं यज्ञतपसां सर्वलोकमहेश्वरम्।
सुहृदं सर्वभूतानां ज्ञात्वा मां शान्तिमृच्छति॥

अन्वय—

भोक्तारम् यज्ञ तपसाम् सर्वलोक महा-ईश्वरम्।
सुहृदम् सर्व भूतानाम् ज्ञात्वा माम् शान्तिम् ऋच्छति॥

अर्थ—मुझे समस्त यज्ञों और तपस्याओं को भोगनेवाला, समस्त लोगों का परमेश्वर, समस्त जीवों का उपकारी जानकर मनुष्य शांति प्राप्त करता है।

व्याख्या—इस श्लोक का भाव यह है कि परमात्मा ही सबकुछ है, समर्थ है, सब जीवों पर उपकार करनेवाला है, सबका परमेश्वर, सब तपों-यज्ञों का भोग करनेवाला है। इसे जो प्राप्त कर लेता है, जान लेता है, उसके मन को शांति प्राप्त हो जाती है। वह भौतिक दुःखों से मुक्त हो जाता है। परमात्मा को जानकर वह परमसुख पा लेता है। जीवन का मूल उद्देश्य जो था, जिसके लिए जन्म मिला है, वह पूर्ण हो जाता है।

इस अध्याय में श्रीकृष्ण ने ज्ञान-प्राप्ति को ही विशेषता दी है। परमात्मा को प्राप्त करके सारे भ्रम समाप्त हो जाते हैं, फिर किसी भी जानकारी की जरूरत नहीं रह जाती।

□

छठा अध्याय

श्लोक : 1

अनाश्रितः कर्मफलं कार्यं कर्म करोति यः।
स संन्यासी च योगी च न निरग्निर्न चाक्रियः॥

अन्वय—

अनाश्रितः कर्म-फलम् कार्यम् कर्म करोति यः।
सः संन्यासी च योगी च न निः अग्निः न च अक्रियः॥

अर्थ—जो कर्मफल की इच्छा किए बिना क्रिया रहित है, कर्तव्य, कर्म करता है, वही योगी है, न कि जो अग्नि जलाकर यज्ञ करता है।

व्याख्या—यहाँ श्रीकृष्ण यज्ञ का सही अर्थ बता रहे हैं कि अग्नि जलाने का नाम यज्ञ नहीं है। यज्ञ का सही अर्थ है कि हमारी कर्म-इंद्रियाँ और ज्ञान-इंद्रियाँ आँख-कान-नाक-हाथ-पैर-मन-बुद्धि इत्यादि, जो-जो कर्म कर रही हैं, अपने कर्म को निर्लेप होकर कर रही हैं। कर्म तो करना है पर अगर इससे लिप्त नहीं है तो वही असल यज्ञ है।

वह योगी, जो परमात्मा में आत्मा का योग (विलय) करता है, उसका हर कर्म यज्ञ हो जाता है। भाव यह कि जिसका परमात्मा से नाता जुड़ जाता है, फिर वह अग्नि जलाकर यज्ञ करे या न करे, उसका हर कर्म प्रभु को समर्पित होता है। इसे ही यज्ञ कहा जाता है।

श्लोक : 4

ज्ञानविज्ञानतृप्तात्मा कूटस्थो विजितेन्द्रियः।
युक्त इत्युच्यते योगी समलोष्टाश्मकाश्चनः॥

अन्वय—

ज्ञान विज्ञान तृप्त आत्मा कूट-स्थः विजित-इन्द्रियः।
युक्त इति उच्यते योगी सम लोष्ट अश्म काश्चनः॥

अर्थ—जो ज्ञान (विज्ञान सहित) अनुभूति करके प्राप्त करता है, वह इंद्रियों को वश में करके अध्यात्म में स्थित है। कंकड़, पत्थर और सोने को एक समान देखता है, इसी युक्ति को योग कहा जाता है।

व्याख्या—परमसत्य की अनुभूति के बिना कोरा ज्ञान व्यर्थ है। परमात्मा का ज्ञान प्राप्त करके इसे अपने साथ महसूस करना ही विज्ञान (विशिष्ट ज्ञान) कहलाता है, फिर भौतिक वस्तुओं की कमी या अधिकता उसे प्रभावित नहीं करती, उसका मन परमात्मा में स्थित होता है। यही युक्ति योगी बनाती है।

श्लोक : 22 एवं 23

यं लब्ध्वा चापरं लाभं मन्यते नाधिकं ततः।
यस्मिन्स्थितो न दुःखेन गुरुणापि विचाल्यते॥
तं विद्याद्दुःखसंयोगवियोगं योगसञ्ज्ञितम्।
स निश्चयेन योक्तव्यो योगोऽनिर्विण्णचेतसा॥

अन्वय—

यम् लब्ध्वा च अपरम् लाभम् मन्यते न अधिकम् ततः।
यस्मिन् स्थितः न दुःखेन गुरुणा अपि विचाल्यते॥
तम् विद्यात् दुःख-संयोग वियोगम् योग-सञ्ज्ञितम्।
सः निश्चयेन योक्तव्यः योगः अर्निवण्ण-चेतसा॥

अर्थ—जिसको पाकर अन्य किसी लाभ को उससे अधिक नहीं मानता। जिसमें स्थित रहकर अत्यंत दुःख में भी विचलित नहीं होता, जो प्रभु को जानकर योग समाहित (जुड़ा हुआ) दुःख के संयोग को महसूस नहीं करता, वह निश्चय ही विचलित हुए बिना योग करने की युक्ति करता है।

व्याख्या—यहाँ श्रीकृष्ण योगी के बारे में बता रहे हैं, योगी उसे कहते हैं, जो परमात्मा के साथ अपनी आत्मा का योग कर लेता है। योग का अर्थ ही है दो एक समान की वस्तुओं का जुड़ जाना। योगी परमात्मा से नाता जोड़कर उसी में स्थित हो जाता है। उसके लिए अन्य कोई भी लाभ इससे बढ़कर नहीं है। वह परमात्मा को पाना ही सबसे बड़ा लाभकारी है जानता है। उसके तुल्य कुछ भी नहीं और सदा प्रभु के साथ जुड़ा रहता है।

फिर उसके लिए कोई भी दुःख-दर्द नहीं होता। वह दुःख में विचलित नहीं होता है। क्योंकि परमात्मा के योग से वह जुड़ा होता है तो दुःख का संयोग महसूस नहीं होता और विचलित हुए बिना हर समय प्रभु के साथ योग बनाए रहता है। वह निश्चय ही अत्यंत दुःख में भी दुःखी नहीं होता।

श्लोक : 27

प्रशान्तमनसं ह्येनं योगिनं सुखमुत्तमम्।
उपैति शान्तरजसं ब्रह्मभूतमकल्मषम्॥

अन्वय—

प्रशान्त मनसम् हि एनम् योगिनम् सुखम् उत्तमम्।
उपैति शान्त-रजसम् ब्रह्म-भूतम् अकल्मषम्।

अर्थ—जिस योगी का मन ब्रह्म को प्राप्त करके समस्त दुःखों से मुक्त होकर कामनाओं से शांत होकर सर्वोच्च सुख को प्राप्त करता है।

व्याख्या—इस श्लोक में कहा गया है कि परमात्मा की अनुभूति और उसकी प्राप्ति के उपरांत मनुष्य की अवस्था क्या होती है। श्रीकृष्ण कह रहे हैं कि वह पापों से मुक्त हो जाता है। वह कितना भी पापी हो तो भी परमात्मा से नाता जुड़ने के उसे पापों का फल नहीं मिलता। वह सर्वोच्च सुख पाकर शांत हो जाता है, अर्थात् उसका मन हर ओर से शांत है, न पाप का फल मिलता है और न रजोगुण और तमोगुण के कर्म उसे सताते हैं।

परमसुख तो परमात्मा को पाकर ही मिलता है।

श्लोक : 28

युञ्जन्नेवं सदात्मानं योगी विगतकल्मषः।
सुखेन ब्रह्मसंस्पर्शमत्यन्तं सुखमश्नुते॥

अन्वय—

युंजन् एवम् सदा आत्मानम् योगी विगत कल्मषः।
सुखने ब्रह्मसंस्पशम् अत्यन्तम् सुखम् अश्नुते॥

अर्थ—योगी ही सदा आत्मा को दुःखों से मुक्त करता है। ब्रह्म का स्पर्श ही सुखों में सर्वोच्च सुख कहा जाता है।

व्याख्या—यहाँ श्रीकृष्ण एक ही सर्वोच्च सुख बता रहे हैं। वह है ब्रह्म का स्पर्श, परमात्मा को पाना, इसे देखना, इसे जानना, इस प्रभु परमात्मा से नाता

जोड़ना। यही सबसे बड़ा सुख है। परमात्मा में आत्मा का विलय होना ही योग कहलाता है और यही योग होने पर मनुष्य योगी हो जाता है। वह सब दु:खों से मुक्त हो जाता है। ब्रह्म के साथ, दिव्य के साथ सान्निध्य ही संस्पर्श (परमात्मा का हर पल स्पर्श महसूस करना) कहलाता है।

श्लोक : 30

यो मां पश्यति सर्वत्र सर्वं च मयि पश्यति।
तस्याहं न प्रणश्यामि स च मे न प्रणश्यति॥

अन्वय—

य: माम् पश्यति सर्वत्र सर्वम् च मयि पश्यति।
तस्य अहम् न प्रणश्यामि स: च मे न प्रणश्यति॥

अर्थ—जो मुझे सब जगह देखता है और सबकुछ मुझमें देखता है, उसके लिए मैं अदृश्य नहीं होता और वह मेरे लिए अदृश्य नहीं होता।

व्याख्या—यहाँ श्रीकृष्णजी भगवान् के निराकार रूप को सब जगह देखने की बात कह रहे हैं। भगवान् जो सर्वत्र समाया हुआ है, इसे देखा भी जा सकता है। तभी श्रीकृष्ण कह रहे हैं कि जो मुझे सब जगह देख लेता है, फिर उसके लिए सबमें मैं नजर आता हूँ। उसके लिए सभी परमात्मा का रूप हो जाते हैं। बिना परमात्मा को देखे यह दृष्टि, यह भाव नहीं बन सकते।

जो मुझे सर्वत्र देखता है, फिर उसे हर पल परमात्मा का स्पर्श महसूस होता है। एक पल के लिए भी वह परमात्मा से दूर नहीं होता और श्रीकृष्ण कह रहे हैं कि मैं भी उससे दूर नहीं होता।

श्लोक : 41

प्राप्य पुण्यकृतां लोकानुषित्वा शाश्वती: समा:।
शुचीनां श्रीमतां गेहे योगभ्रष्टोऽभिजायते॥

अन्वय—

प्राप्य पुण्य-कृताम् लोकान् उषित्वा शाश्वती: समा:।
शुचीनाम् श्री-मताम् गेहे योग-भ्रष्ट: अभिजायते॥

अर्थ—अनेक वर्षों तक पवित्रता से लोक में निवास के बाद पुण्य कर्म प्राप्त करके आत्म-साक्षात्कार से वंचित व्यक्ति संपन्न (आध्यात्मिक) घर में जन्म लेता है।

व्याख्या—जिस व्यक्ति की जिज्ञासा परमात्मा को जानने की होती है, वह पुण्य कर्म करते हुए भी इस जीवन में परमात्मा को जानने से वंचित, जानने की इच्छा मन में लिए ही इस लोक से चला जाता है, फिर भी उसकी जिज्ञासा, उसका प्रयास व्यर्थ नहीं जाता। उसे परमात्मा ऐसे घर में जन्म देकर भेजते हैं, जो ब्रह्मज्ञान से युक्त हो। पूर्वजन्म में किया गया प्रयास दूसरे जन्म में तत्त्वज्ञानी के घर में जन्म लेने का अवसर प्रदान करता है। मनुष्य इस अवसर का लाभ उठाकर परमात्मा को जानता है और जन्म-मरण से मुक्त हो जाता है। मोक्ष को प्राप्त होता है। भाव यह कि जो ब्रह्मज्ञानी के घर जन्म लेते हैं, वे पूर्वजन्म की पुण्य आत्माएँ हैं।

श्लोक : 42

अथवा योगिनामेव कुले भवति धीमताम्।
एतद्धि दुर्लभतरं लोके जन्म यदीदृशम्॥

अन्वय—

अथवा योगिनाम् एव कुले भवति धीमताम्।
एतत् हि दुर्लभ-तरम् लोके जन्म यत् ईदृशम्॥

अर्थ—पूर्वजन्म के अच्छे कर्मों के कारण मनुष्य निश्चय ही विद्वान् योगियों के या परम बुद्धिमानों के कुल में जन्म लेता है। इस संसार में इस प्रकार यह जन्म निश्चय ही दुर्लभ है।

व्याख्या—जैसा कि पिछले श्लोक में भी कहा गया है कि जो ब्रह्म को जानने का प्रयास करते हैं, परंतु प्राप्त नहीं कर पाते, उनका मैं संपन्न परिवार में जन्म दे देता हूँ या फिर उनका योगियों (जिनका ब्रह्म परमात्मा से योग हो चुका है) या विद्वानों के घर में जन्म दे देता हूँ, अर्थात् पूर्वजन्म में की गई जिज्ञासा या प्रयास विफल नहीं जाते।

जो पूर्वजन्म में परमात्मा को पाने का प्रयास करते हैं, ऐसे जिज्ञासु तत्त्वज्ञानी (परमात्मा के अविनाशी, निराकार रूप को जानने वाले) के घर में जन्म लेकर स्वयमेव परमात्मा को पाकर मुक्ति के पात्र बनते हैं। यह जन्म बहुत दुर्लभ है। पूर्वजन्म में परमात्मा को पाने की जिन्हें जिज्ञासा होती है, उन्हें यह दुर्लभ जन्म मिलता है।

श्लोक : 43

तत्र तं बुद्धिसंयोगं लभते पौर्वदेहिकम्।
यतते च ततो भूयः संसिद्धौ कुरुनन्दन॥

अन्वय—

तत्र तम् बुद्धि-संयोगम् लभते पौर्व-देहिकम्।
यतते च ततः भूयः संसिद्धौ कुरुनन्दन॥

अर्थ—हे कुरुनंदन! वह (ऐसा मनुष्य) वहाँ पूर्वजन्म की दैवी चेतना को पुनः प्राप्त करता है। उसके बाद सिद्धि फल पाने के लिए प्रयास करता है।

व्याख्या—भाव यही कि मनुष्य सिद्धि (मुक्ति) पाने का यत्न इसलिए करते हैं कि जन्म-मरण के बंधन से मुक्त हो सके। इसके लिए आत्मा अपने निज घर, निज स्वरूप परमात्मा को पाकर इसमें विलीन होकर ही मुक्त हो सकती है। जिनका यह प्रयास पूरा हो जाता है, वे परम् परमात्मा ब्रह्म को पाकर ब्रह्मज्ञानी कहलाते हैं। जिस उद्देश्य को लेकर मनुष्य जन्म मिला है, वह उद्देश्य पूरा हो जाता है और वे परमशांति को प्राप्त होते हैं।

श्लोक : 46

तपस्विभ्योऽधिको योगी ज्ञानिभ्योऽपि मतोऽधिकः।
कर्मिभ्यश्चाधिको योगी तस्माद्योगी भवार्जुन॥

अन्वय—

तपस्विभ्यः अधिकः योगी ज्ञानिभ्यः अपि मतः अधिक।
कर्मिभ्य च अधिकः योगी तस्मात् योगी भव अर्जुन॥

अर्थ—योगी को तपस्वियों और ज्ञानियों से भी अधिक माना जाता है और कर्मियों से अधिक योगी है, इसलिए हे अर्जुन! तू योगी हो जा।

व्याख्या—इस श्लोक में श्रीकृष्ण अर्जुन को योगी होने की प्रेरणा देते हैं। उन्होंने योगी (जो आत्मा का योग परमात्मा से कर लेता है। परमात्मा को जाने बिना यह योग संभव नहीं) को सबसे उत्तम कहा है। यह योग तप से भी अधिक है। ज्ञान से भी अधिक बड़ा है। ज्ञान का अर्थ शाब्दिक ज्ञान या और बड़ी जानकारियों का नाम से है। ऐसे ज्ञान से भी योग अधिक है। नेक कर्मों से भी अधिक श्रेष्ठ योगी होना है, इसलिए श्रीकृष्णजी कह रहे हैं कि परमात्मा को जानकर तू योगी हो जा।

□

सातवाँ अध्याय

श्लोक : 1

मय्यासक्तमनाः पार्थ योगं युञ्जन्मदाश्रयः।
असंशयं समग्रं मां यथा ज्ञास्यसि तच्छृणु॥

अन्वय—

मयि आसक्त-मनाः पार्थ योगम् युञ्जन् मत्-आश्रयः।
असंशयम् समग्रम् माम् यथा ज्ञास्यसि तत्-शृणु॥

अर्थ—हे अर्जुन! मुझमे आसक्त मनवाला, मेरा आश्रय लेकर, आत्म-साक्षात्कार करके, निस्संदेह पूर्णतया मुझको जिस तरह जानोगे, सुनो।

व्याख्या—परमात्मा को जानने के लिए, परमात्मा में मन लगाकर, इसका ही सहारा लेकर, प्रभु के साक्षात्कार की विधि यहाँ श्रीकृष्णजी बता रहे हैं। आत्म-साक्षात्कार का अर्थ है—अपनी आत्मा को शरीर से अलग करके जानना। हम शरीर को ही सबकुछ मान लेते हैं और आत्मा, जो कि परमात्मा का अंश है, इसे जाना भी जा सकता है और इसे जानने की विधि क्या है, यह हम नहीं जान पाते। परमात्मा को जानने के लिए कोई तप या कोई कर्म काम नहीं आता।

आत्मा का साक्षात्कार ही ब्रह्म का साक्षात्कार है।

श्लोक : 2

ज्ञानं तेऽहं सविज्ञानमिदं वक्ष्याम्यशेषतः।
यज्ज्ञात्वा नेह भूयोऽन्यज्ज्ञातव्यमवशिष्यते॥

अन्वय—

ज्ञानम् ते अहम् स विज्ञानम् इदम् वक्ष्यामि अशेषतः।
यत् ज्ञात्वा न इह भूयः अन्यत् ज्ञातव्यम् अवशिष्यते॥

अर्थ—मेरा ज्ञान विज्ञान सहित है। यह पूर्ण रूप से अशेष है, मैं तुझसे वह कहूँगा। जिसे जानकर इस संसार में और कुछ भी जानने योग्य शेष नहीं रहता।

व्याख्या—सबसे उत्तम जो जानने योग्य है, वह सिर्फ प्रभु परमात्मा है और एक परमात्मा की ही सारी रचना है। परमात्मा में से इसकी रचना अलग कर दें तो शेष कुछ नहीं बचता। यह परमात्मा का ज्ञान अशेष है जिसे जान लेने के बाद और किसी जानकारी की अहमियत नहीं होती। यह सर्वोत्तम ज्ञान अपने में पूर्ण है। यह जानने से परमात्मा का सारा विज्ञान समझ में आ जाता है कि सबकुछ परमात्मा ही चलानेवाला है। अपने आप कोई भी वस्तु नहीं हिल-डुल सकती।

श्रीकृष्ण कह रहे हैं कि इस धरती पर परमात्मा के ज्ञान के आगे बाकी सभी जानकारियाँ तुच्छ हैं और कुछ जानने योग्य है ही नहीं। प्रभु परमात्मा को जान लेने के बाद हर जगह परमात्मा और इसकी रचना नजर आती है कि यह कितना विशाल और सूक्ष्म है। इसका विज्ञान भी विशाल और सूक्ष्म है।

श्लोक : 3

मनुष्याणां सहस्त्रेषु कश्चिद्यतति सिद्धये।
यततामपि सिद्धानां कश्चिन्मां वेत्ति तत्त्वत: ॥

अन्वय—

मनुष्याणाम् सहस्त्रेषु कश्चित् यतति सिद्धये।
यतताम् अपि सिद्धानाम् कश्चि माम् वेत्ति तत्त्वत: ॥

अर्थ—हजारों मनुष्यों में से कोई एक सिद्धि (मेरी प्राप्ति) के लिए प्रयत्नशील होता है और हजारों यत्न करनेवालों में कोई एक वास्तव में मुझे जान पाता है।

व्याख्या—हजारों मनुष्यों में से कोई विरला ही यह जानने का यत्न करता है कि परमात्मा क्या है ? कहाँ है ? इसे कैसे जाना जा सकता है ? इन यत्न करनेवाले हजारों मनुष्यों में से कोई एक परमात्मा को तत्त्व से निराकार रूप में जान पाता है। अन्यथा लोग आहार, निद्रा भोग करके जीवन जीते हुए इस यात्रा को तय कर लेते हैं। श्रीकृष्ण कह रहे हैं कि इस दुनिया में मनुष्य जन्म मिलता है परमात्मा को जानने के लिए और इसे जानने का यत्न कोई-कोई करते हैं। उनमें से कोई-कोई मुझे मेरे तत्त्व रूप से जान पाता है।

श्लोक : 4 एवं 5

भूमिरापोऽनलो वायु: खं मनो बुद्धिरेव च।
अहंकार इतीयं मे भिन्ना प्रकृतरष्टधा ॥

अपरेयमितस्त्वन्यां प्रकृतिं विद्धि मे पराम्।
जीवभूतां महाबाहो ययेदं धार्यते जगत॥

अन्वय—

भूमिः आपः अनलः वायुः खम् मनः बुद्धि एव च।
अहंकार इति इयम् मे भिन्ना प्रकृतिः अष्टधा॥

अन्वय—

अपरा इयम् इतः तु अन्याम् प्रकृतिम् विद्धि मे पराम्।
जीव-भूताम् महा-बाहो यय इदम् धार्यते जगत्॥

अर्थ—पृथ्वी, जल, अग्नि, वायु, आकाश, मन, बुद्धि तथा अहंकार ये आठ प्रकार की मेरी भिन्न शक्तियाँ हैं। हे महाबाहो! इने जड़ वस्तुओं के अतिरिक्त मेरी चेतन शक्ति को जानो, जिससे यह जगत् चलता है।

व्याख्या—यहाँ श्रीकृष्णजी तत्त्व को जानने के लिए प्रकृति और परमात्मा को संपूर्ण ब्रह्मांड में अलग-अलग करके बता रहे हैं कि प्रकृति क्या है और इससे अलग परमात्मा क्या है?

चर एवं अचर भाव जड़ और चेतन जो कुछ भी दिखाई देता है, यह अपरा शक्ति है, जो मेरी परा शक्ति, परमात्मा की दी हुई शक्ति से चलती है, जैसे धरती जड़ है और परमात्मा की शक्ति से यह अपनी धुरी पर भी और सूर्य से चारों ओर भी घूमती है। पेड़-पौधे सब चेतन हैं। ये बढ़ते हैं, पर इन सबको शक्ति परमात्मा से ही मिलती है।

उपर्युक्त आठ प्रकार की जड़ और चेतन शक्तियाँ हैं। पृथ्वी, जल, अग्नि, वायु, आकाश, मन, बुद्धि एवं अहंकार ये सब प्रभु की दी हुई शक्ति से चलती हैं। मनुष्य प्रकृति को ही भगवान् मानकर इसे ही महत्त्व देता है, जबकि श्रीकृष्णजी रहे हैं कि मेरी चेतन शक्ति जानने योग्य है। इसे जानो जिससे सारा जगत् चलता है। परमात्मा को जानना ही मनुष्य जीवन का उद्द्देश्य है।

श्लोक : 6 एवं 7

एतद्योनीनि भूतानि सर्वाणीत्युपधारय।
अहं कृत्स्नस्य जगतः प्रभवः प्रलयस्तथा॥
मत्तः परतरं नान्यत्किञ्चिदस्ति धनञ्जय।
मयि सर्वमिदं प्रोतं सूत्रे मणिगणा इव॥

अन्वय—

एतत् योनीनि भूतानि सर्वाणि इति उपधारय।
अहम् कृत्स्नस्य जगतः प्रभवः प्रलयः तथा॥

मत: पर-तरम् न अन्यत् किञ्चित् अस्ति धनञ्जय।
मयि सर्वम् इदम् प्रोतम् सूत्रे मणिगणा: इव॥

अर्थ—इस प्रकार यह संपूर्ण जगत, सारे पदार्थों के जन्म का स्त्रोत, उत्पत्ति का कारण और प्रलय का कारण मुझे ही जानो॥

हे धनंजय! मुझसे श्रेष्ठ और कुछ भी नहीं है, जिस प्रकार धागे में मोती गुँथे होते हैं, उसी प्रकार सबकुछ मुझमें है॥

व्याख्या—इन दोनों श्लोकों में श्रीकृष्णजी ने स्पष्ट संकेत किया है कि सारा जगत् मुझसे चल रहा है। परमात्मा जब चाहें सृष्टि की रचना कर दें, जब चाहें प्रलय कर दें। सबकुछ करके यह कर्त्ता फिर भी नजर नहीं आता।

जैसे माला में मोती गुँथे होते हैं, मोती तो नजर आते हैं पर जिस धागे में मोती गुँथे होते हैं, वह धागा नजर नहीं आता। मोतियों को एक साथ गूँथने का सारा श्रेय धागे का होता है। धागा देखने के लिए मोती को थोड़ा इधर-उधर कर बीच का धागा देख सकते हैं। श्रीकृष्णजी ने कहा कि इसी प्रकार प्रकृति नजर आती है, प्रकृति का रचनाकार परमात्मा प्रकृति में ही समाया हुआ है, लेकिन वह नजर नहीं आता। उसे देखने की दृष्टि सद्गुरु देता है। सद्गुरु प्रकृति को अलग करके परमात्मा के दर्शन करा देता है। श्रीकृष्ण ने कहा कि मैं इन सबके बीच समाया हुआ हूँ।

जैसे हमें अपने शरीर के पाँचों तत्त्वों की जानकारी है, परंतु छठा तत्त्व आत्मा जो शरीर को चलाती है, इसकी जानकारी नहीं। हम शरीर को ही सबकुछ मान बैठते हैं। शरीर को अलग करें तो शेष जो है, परमात्मा है। उसी का अंश आत्मा है।

श्लोक : 10

बीजं मां सर्वभूतानां विद्धि पार्थ सनातनम्।
बुद्धिर्बुद्धिमतामस्मि तेजस्तेजस्विनामहम्॥

अन्वय—

बीजम् माम् सर्व-भूतानाम् विद्धि पार्थ सनातनम्।
बुद्धि बुद्धि-मताम् अस्मि तेज: तेजस्विनाम् अहम्॥

अर्थ—हे पार्थ! समस्त जीवों का शाश्वत बीज मैं हूँ। बुद्धिमानों की बुद्धि, तेजस्वियों का तेज मैं हूँ। मुझे जानो।

व्याख्या—भाव चर (चलनेवाले जीव) तथा अचर (स्थिर, जो चल नहीं सकते—पेड़-पौधे इत्यादि) समस्त जीवों के मूल में परमात्मा ही है। बुद्धिमान

अपनी बुद्धि का प्रयोग करता है। यह बुद्धि परमात्मा की ही देन है। तेजस्वी को तेज भी परमात्मा का दिया है।

शरीर में जीवात्मा जो शरीर को चलाती है, यह जीवात्मा परमात्मा का ही अंश है। यही आत्मा शरीर में बुद्धि, विवेक, बल सबको चलाती है। शरीर से जीवात्मा निकल जाए तो शरीर के अंग चलना बंद कर देते हैं। शक्तिशाली व्यक्ति भी आत्मा के निकल जाने के बाद निर्जीव अर्थात् जीवरहित होकर हिल-डुल भी नहीं सकता।

केवल मनुष्य ही नहीं, समस्त जीवों में परमात्मा का अंश जीव चलायमान है। श्रीकृष्णजी कह रहे हैं कि जिसके सहारे यह तेरा शरीर चल रहा है। ऐसे परमात्मा को जानो। भाव यह कि अपने अस्तित्व को जानो कि तू किसका अंश है!

श्लोक : 13

त्रिभिर्गुणमयैर्भावैरेभिः सर्वमिदं जगत्।
मोहितं नाभिजानाति मामेभ्यः परमव्ययम्॥

अन्वय—

त्रिभिः गुण-मयै भावेः एभिः सर्वम् इदम् जगत्।
मोहितम् न अभिजानाति माम् एभ्यः परम् अव्ययम्॥

अर्थ—तीन गुणों (सत, रज, तम) के भाव से मोहग्रस्त यह संपूर्ण जगत् परम सनातन (अविनाशी) को नहीं जानता।

व्याख्या—सारा संसार प्रकृति के तीन गुणों से मोहित है। जो इस तीन गुणों के आधार पर ही जीने को सबकुछ मान बैठे हैं, वे यह जानने की चेष्टा ही नहीं करते कि परमात्मा इन तीन गुणों से परे है। इन तीन गुणों के अधीन मनुष्य सतोगुणी, रजोगुणी तथा तमोगुणी कर्म करता है। प्रकृति के इन गुणों में बँधकर ही भक्ति भी करता है, परंतु परमात्मा को न जानते हुए। जो तमोगुणी हैं तथा रजोगुणी यहाँ तक कि सतोगुणी, कर्म करनेवाले भी परम सत्य ब्रह्मस्वरूप को जानने की चेष्टा नहीं करते।

जो प्रभु को जान लेते हैं, वे मुक्ति को प्राप्त करते हैं और जन्म-मरण के बंधन से छुटकारा पा लेते हैं। परमात्मा गुणातीत है, इसके लिए आदिग्रंथ में कहा है—

त्रै गुण ते प्रभ भिन्न।
तिसे बुझावे नानका जित होवे एह प्रसन्न॥

भाव यही कि प्रभु तीन गुणों से अलग है और जिस पर प्रभु प्रसन्न हो जाते हैं, उसे ज्ञान (जानकारी) दे देते हैं।

श्लोक : 14

दैवी ह्येषा गुणमयी मम माया दुरत्यया।
मामेव ये प्रपद्यन्ते मायामेतां तरन्ति ते॥

अन्वय—

दैवी हि एषा गुण-मयी मम माया दुरत्यया।
माम् एव ये प्रपद्यन्ते मायाम्-एताम् तरन्ति ते॥

अर्थ—तीन गुणों से युक्त मेरी दिव्य शक्ति को समझ पाना कठिन है। जो मेरी शरण में आते हैं, वे निश्चय ही माया (संसार) को पार कर जाते हैं।

व्याख्या—सतोगुण से युक्त प्राणी, जो बड़ा नेक जीवन जीते हैं। वे सतोगुण के प्रभाव से सुकर्म करते हैं। रजोगुण से युक्त प्राणी मध्यम प्रकार का आचरण करते हैं। तमोगुणी कुकर्म करते हुए जीवन जीते हैं। यहाँ श्रीकृष्णजी कह रहे हैं कि इसी में लिप्त गुणों के आधार पर कर्मों को ही सबकुछ मानते हुए मनुष्य मेरी शक्ति को नहीं समझ पाते। जो मुझे जानकर मेरी शरण में आते हैं, वे इस माया के तीनों गुणों के बंधन में लिप्त नहीं होते, भाव कर्मों से नहीं बँधते। परमात्मा का ज्ञान लेकर इसकी शक्ति से वे माया के इस भव-सागर से पार हो जाते हैं, मुक्त हो जाते हैं।

श्लोक : 15

न मां दुष्कृतिनो मूढा: प्रपद्यन्ते नराधमा:।
माययापहृतज्ञाना आसुरं भावमाश्रिता:॥

अन्वय—

न माम् दुष्कृतिन: मूढा: प्रपद्यन्ते नर-अधमा:।
मायया अपहृत ज्ञाना: आसुरम् भावम् आश्रिता:॥

अर्थ—मनुष्यों में अधम, मूर्ख, दुष्ट मेरी शरण में नहीं आते हैं। आसुरी स्वभाव पर आश्रित माया द्वारा उनके ज्ञान का नाश हुआ है।

व्याख्या—जो प्रभु की प्राप्ति के लिए कोई यत्न नहीं करते, दुनिया के सारे कर्म तमोगुणी या रजोगुणी करते हुए जीवन जीते हैं, उन्हें श्रीकृष्ण ने मूर्ख, दुष्ट, कुकर्मी एवं आसुरी स्वभाव वाले का नाम दिया है। ऐसे कर्म माया से प्रेरित हैं और उसी में उलझकर जीवन बिता देते हैं। ऐसे प्राणी भक्तों की श्रेणी में नहीं आते।

ग्रंथों में मानव जन्म को दुर्लभ जन्म कहा गया है। इसे हीरे जैसा जन्म भी कहा गया है। यह जन्म चौरासी लाख योनियों के बाद मिलता है। इस जन्म में हीरे जैसा मोल डालना है। कौड़ियों के भाव जन्म का मोल वे डालते हैं, जो शारीरिक सुखों

के लिए भौतिक जगत् में ही उलझकर अपना समय गँवा देते हैं। श्रीकृष्ण कह रहे हैं कि वे जीवन का सही उपयोग नहीं कर पाते। मनुष्य जन्म तभी सार्थक है, जब गृहस्थ के सारे कर्म करते हुए मानव का मुख्य उद्देश्य प्रभु-प्राप्ति के यत्न का हो और प्रभु-प्राप्ति के बाद जन्म-मरण से मुक्ति तथा मोक्ष प्राप्ति हो।

परमात्मा की जानकारी लेकर उसके ज्ञान की रोशनी से अपनी आत्मा को रोशन करके वह परमात्मा में ही लीन हो जाती है, फिर वह चौरासी लाख योनियों में नहीं जाती।

श्लोक : 16

चतुर्विधा भजन्ते माँ जनाः सुकृतिनोऽर्जुन।
आर्तो जिज्ञासुरर्थार्थी ज्ञानी च भरतर्षभ॥

अन्वय—

चतुः विद्याः भजन्ते माम् जनाः सुकृतिनः अर्जुन।
आर्तः जिज्ञासुः अर्थ-अर्थी ज्ञानी च भरत-ऋषभ॥

अर्थ—हे अर्जुन! हे भरतश्रेष्ठ! नेक कर्म करनेवाले चार प्रकार के लोग मेरी भक्ति करते हैं—आर्त, जिज्ञासु, अर्थार्थी और ज्ञानी।

व्याख्या—पिछले श्लोक में श्रीकृष्ण ने उनके बारे में बताया है, जो भक्ति नहीं करते। इस श्लोक में वे अपने भक्तों के बारे में बता रहे हैं कि मेरे चार प्रकार के भक्त हैं। ये अच्छे कर्म करते हैं, सुकर्मी हैं। जो प्रभु भक्ति करते हैं, वे बुरे कर्म नहीं करते, नेक कर्म करनेवाले होते हैं।

आर्त भक्त वे हैं, जो परमात्मा के भय में रहकर भक्ति करते हैं। परमात्मा की दया बनी रहे, इसी भय से भक्ति करते हैं, जैसे बच्चा कोई भी गलत काम करने से डरता है कि अगर पिता को पता चल गया तो मुझे सजा मिलेगी। वह अपने पिता के भय में वही काम करता है, जिससे पिता नाराज न हों। उसी प्रकार आर्त भक्त नियमपूर्वक भक्ति का हर कार्य करते हैं। नियम टूटने से उन्हें भय लगता है कि कहीं हमारा अनिष्ट न हो जाए। ज्यादा-से-ज्यादा तप, जाप, पूजा, पाठ, दान, यज्ञ, यात्राएँ करते हैं। इसी को भक्ति का सही रूप समझते हैं कि प्रभु प्रसन्न होकर हमें खुशियाँ व सुख देते रहें।

दूसरे अर्थार्थी भक्त जो परमात्मा से माँग करते हैं और उसके बदले कुछ दान या कोई यात्रा या फिर व्रत वगैरह सोच लेते हैं। माँग पूरी होने पर वे नियम से उसे करते हैं, जैसे सुग्रीव भक्त हैं, जो प्रभु की भक्ति भी कर रहे हैं और एक उद्देश्य

भी है कि मुझे राज्य प्राप्त हो जाए और फिर मेरी सेना सीताजी की खोज में प्रभु रामचंद्रजी का साथ देगी।

यह भक्ति ऐसी है कि प्रभु मेरा यह काम सँवार दें तो मैं व्रत, पूजा, पाठ से प्रभु को प्रसन्न करूँ।

तीसरे जिज्ञासु भक्त हैं। वे न तो भय से भक्ति करते हैं और न ही किसी स्वार्थ-पूर्ति के लिए। उनके हृदय में एक जिज्ञासा होती है कि मैं कौन हूँ? कहाँ से आया हूँ? किसका अंश हूँ? ये परमात्मा मुझे कैसे मिले? प्रभु को पाने की, प्रभु को देखने की तीव्र जिज्ञासा होती है। 'कोई आन मिलाए मेरा प्रीतम प्यारा' वे प्रभु के दर्शन करने का प्रयास करते हैं, ताकि मनुष्य जन्म को सार्थक कर सकें। जन्म-मरण के बंधन से मुक्त हो सकें, मोक्ष प्राप्त कर सकें। उनकी जिज्ञासा होती है कि हमें कोई संत मिले जो परमात्मा से मिला दे, ताकि यह जन्म व्यर्थ न बीत जाए।

ऐसे भक्तों की श्रेणी में भीलनी (शबरी), मीराजी के नाम हैं। परमात्मा की प्राप्ति उनका एकमात्र लक्ष्य था। हृदय में इसे पाने की तड़प थी। प्रभु को जानकर जिज्ञासु भक्त ज्ञानी भक्त की श्रेणी में आ जाते हैं।

चौथे ज्ञानी भक्त, जो प्रभु को जानकर उसकी आराधना करते हैं। श्रीकृष्णजी कह रहे हैं कि ज्ञानी भक्त देह छोड़ने के बाद मुझे प्राप्त होते हैं, जीवन मुक्त हो जाते हैं, उनका पुनर्जन्म नहीं होता। ऐसे भक्त हर समय मेरे में ही लीन होते हैं। ऐसे भक्तों को स्थितप्रज्ञ भी कहा गया है। दूसरे अध्याय के 54वें श्लोक में श्रीकृष्णजी ने उन भक्तों को समाधि में स्थित (जो उठते, बैठते, खाना खाते हुए, हर पल मुझे याद रखते हैं) भी कहा गया है। जिनकी प्रज्ञा स्थित है, स्थिर है, जो सब कर्म करते हुए भी समाधि में है, आँखें बंद करके ही समाधि की स्थिति नहीं होती, उन भक्तों के साथ मैं हर समय होता हूँ और वे निराकार ब्रह्म को पाकर भव-सागर से पार हो जाते हैं।

जिज्ञासु भक्त प्रभु की जानकारी प्राप्त कर के ज्ञानी भक्त की श्रेणी में आ जाता है।

श्लोक : 17

तेषां ज्ञानी नित्ययुक्त एकभक्तिर्विशिष्यते।
प्रियो हि ज्ञानिनोऽत्यर्थमहं स च मम प्रिय॥

अन्वय—

तेषाम् ज्ञानी नित्य-युक्तः एक भक्तिः विशिष्यते।
प्रियः हि ज्ञानिनः अत्यर्थम अहम् सः च मम प्रियः॥

अर्थ—इनमें से परमज्ञानी की निरंतर एकनिष्ठ भक्ति विशेष है। निश्चय ही ज्ञानी को मैं अति अधिक प्रिय हूँ और वह मुझे प्रिय है।

व्याख्या—चार प्रकार के भक्तों में जो मुझे जानकर सिर्फ मेरी भक्ति करता है, वह जानता है कि एक प्रभु की भक्ति ही पूर्ण है, फिर किसी और भक्ति की कामना नहीं रहती। ऐसा भक्त हर पल मेरे ज्ञान के साथ जुड़ा रहता है। ऐसे भक्तों को मैं अति प्रिय हूँ और वे भी मुझे उतने ही प्रिय हैं।

भाव यह कि भक्ति तो हर तरह की है, परंतु जो थोड़े-थोड़े समय के लिए भक्ति करते हैं, चाहे वे किसी कामना को आगे रखकर या भय में रहकर कर रहे हैं, उन सबसे उत्तम ज्ञानी की भक्ति है, जो परमात्मा को जानकर, हर पल उसके ध्यान में रहकर केवल एक प्रभु की ही भक्ति करता है। प्रभु को जाने बिना ऐसी भक्ति संभव नहीं। ऐसे भक्त को हर कर्म करते हुए केवल प्रभु का ही आसरा रहता है। प्रभु को भी ऐसे भक्त बहुत प्यारे होते हैं। 'रामचरितमानस' में भी प्रभु रामचंद्रजी ने कहा—

राम भगत जग चारि प्रकारा। सुकृती चारिउ अनघ उदारा।
चहू चतुर कहुँ नाम आधारा। ग्यानि प्रभुहि बिसेषि पिआरा॥

मेरे चार प्रकार के भक्त नेक कर्म करनेवाले, मेरा ही आसरा लेते हैं। उनमें से ज्ञानवान भक्त मुझे विशेष प्यारे हैं, जिनके पास मेरी जानकारी है।

श्लोक : 18

उदाराः सर्व एवैते ज्ञानी त्वात्मैव मे मतम्।
आस्थितः स हि युक्तात्मा मामेवानुत्तमां गतिम्॥

अन्वय—

उदाराः सर्व एव एते ज्ञानी तु आत्मा एव मे मतम्।
आस्थितः सः हि युक्त-आत्मा माम् एव अनुत्तमाम् गतिम्॥

अर्थ—निस्संदेह, ये सब उदारचित्त (व्यक्ति) ज्ञानी मेरे समान हैं। यह मेरा मत है। निश्चय ही सर्वोच्च भक्ति में युक्त आत्मा मुझमें स्थित है।

व्याख्या—यहाँ प्रभु की भक्ति करनेवालों को उदारचित्त कहा गया है। वे बड़े नेक हैं। इस श्लोक में श्रीकृष्णजी कह रहे हैं कि जिनके पास ज्ञान है, मेरी जानकारी है, वे निश्चय ही मेरे समान हैं। उनकी यह भक्ति उच्च कोटि की है। जिनके पास मेरा ज्ञान है, उन्हें मेरा ही रूप समझो। जिसने प्रभु को जान लिया है और उसको अपने अंग-संग महसूस करते हुए भक्ति कर रहे हैं, उनका पुनर्जन्म नहीं होता और

वे जीवनमुक्त हो जाते हैं। संपूर्ण अवतार वाणी में शहनशाह अवतार सिंहजी कहते हैं—"जिस 'दे दिल नरंकार दा वास हुंदा ए परमेश्वर आप'।"

श्लोक : 19

बहूनां जन्मनामन्ते ज्ञानवान्मां प्रपद्यते।
वासुदेवः सर्वमिति स महात्मा सुदुर्लभः॥

अन्वय—

बहुनाम् जन्मनाम् अन्ते ज्ञान-वान् माम् प्रपद्यते।
वासुदेवः सर्वम् इति सः महा-आत्मा सु-दुर्लभः॥

अर्थ—अनेक जन्मों के बाद ज्ञानवान मेरी शरण में आता है। उनके लिए वासुदेव ही सबकुछ है, वह दुर्लभ महात्मा है।

व्याख्या—यहाँ श्रीकृष्ण के कहने का भाव यह है कि कई जन्मों के बाद कोई एक मेरी शरण में आता है और मुझे प्राप्त करता है। जो मुझे जान लेता है, वह ज्ञानवान भक्त मुझे ही सबकुछ मानता है। ग्रंथों में विदित है कि चौरासी लाख योनियों के बाद मनुष्य जन्म मिलता है। तभी कहा है—

"बड़े भाग मानुष तन पावा। सुर दुर्लभ सद ग्रंथहि गावा।।"

बड़े भाग्य से मनुष्य तन मिलता है, जो देवताओं को भी दुर्लभ है। जो परमात्मा का ज्ञान प्राप्त कर लेते हैं, वे भाग्यशाली होते हैं। वे महात्मा की श्रेणी में आ जाते हैं। वासुदेव (जो सारे देवताओं में वास करते हैं और जिसमें सारे देवता वास करते हैं) ही उनके लिए सबकुछ है। परमात्मा की ही अनन्य भक्ति करते हुए (किसी अन्य की नहीं) जीवन जीते हैं। वे महात्मा दुर्लभ होते हैं।

कहने का भाव यह कि जब तक ज्ञान नहीं होता, मनुष्य कई देवी-देवताओं की भक्ति करता है, परंतु ज्ञानवान महात्मा के लिए परमात्मा भक्ति के सिवाय और कुछ नहीं, वह प्रत्येक वस्तु को वासुदेवमयी समझता है।

श्लोक : 20

कामैस्तैस्तैर्हृतज्ञानाः प्रपद्यन्तेऽन्यदेवताः।
तं तं नियममास्थाय प्रकृत्या नियताः स्वया॥

अन्वय—

कामैः तैः तैः हृत ज्ञाना प्रपद्यन्ते अन्य देवताः।
तम् तम् नियमम् आस्थाय प्रकृत्या नियताः स्वया॥

अर्थ—लेकिन प्राणी ज्ञान से विहीन अपने-अपने नियम का पालन करते हुए इच्छाओं के लिए अन्य देवताओं की शरण लेते हैं।

व्याख्या—यहाँ स्पष्ट किया गया है कि जो अपनी इच्छाओं की पूर्ति के लिए नियम का पालन करते हुए अन्य देवताओं की शरण लेते हैं, वे ज्ञान से विहीन हैं, अल्पज्ञानी हैं। जो आध्यात्मिक चेतना खो चुके हैं और भौतिक इच्छाओं को सबकुछ मान चुके हैं और उनकी पूर्ति के लिए देवी-देवताओं की शरण में जाते हैं, ऐसे लोग भगवान् की शरण में नहीं आते। पूजा के विधि-विधानों को ही पालने में लगे रहते हैं।

देवताओं को पूजनेवाले छोटी-छोटी इच्छाओं द्वारा प्रेरित होते हैं और इन इच्छाओं की पूर्ति के लिए पूजा-पाठ को ही भक्ति मान लेते हैं। वे नहीं जानते कि जीवन का लक्ष्य क्या है और इस परम लक्ष्य तक पहुँचने का साधन क्या है। ज्ञान से विहीन भौतिक सुखों की प्राप्ति को ही सबकुछ मान बैठते हैं।

इसके विपरीत जो भगवद्भक्त हैं, वे कभी भी आवश्यकताओं की पूर्ति के लिए अन्य देवताओं की शरण नहीं लेते। उनके लिए परमात्मा ही सब सुख देनेवाला है। सभी देवी-देवताओं की शक्तियाँ सर्वशक्तिमान परमात्मा के अधीन हैं।

श्लोक : 21 एवं 22

यो यो यां यां तनुं भक्त: श्रद्धयार्चितुमिच्छति।
तस्य तस्याचलां श्रद्धां तामेव विदधाम्यहम्॥
स तया श्रद्धया युक्तस्तस्याराधनमीहते।
लभते च तत: कामान्मयैव विहितान्हि तान्॥

अन्वय—

य: य: याम् याम् तनुम् भक्त: श्रद्धया अर्चितुम् इच्छति।
तस्य तस्य अचलाम् श्रद्धाम् ताम् एव विदधामि अहम्॥
स: तया श्रद्धया युक्त: तस्य आराधनम् ईहते।
लभते च तत: कामान् मया एव विहितान् हि तान्॥

अर्थ—जो-जो श्रद्धा से जिस-जिस देवता के रूप की पूजा करने की इच्छा रखता है, मैं उसकी श्रद्धा को निश्चय ही उसमें स्थिर कर देता हूँ। वह श्रद्धा से युक्त उस देवता की पूजा करता है। वह निश्चय ही मेरे द्वारा उन इच्छओं को व्यवस्थित करके प्राप्त करता है।

व्याख्या—देवता और मनुष्य के अंदर की जीवात्मा दोनों ही परमेश्वर के

अधीन हैं। मनुष्य किसी कामना को सम्मुख रखकर अगर किसी देवता की पूजा करता है तो देवता भी परमात्मा के अधीन हैं। परमात्मा ही उनकी इच्छा को पूर्ण करता है। इनसान देवता को ही फल देनेवाला समझता है और उसकी श्रद्धा उसी देवता के प्रति स्थिर हो जाती है पर वास्तव में देनेवाला प्रभु परमेश्वर ही है। परमेश्वर की अनुमति के बिना देवतागण भक्तों को वर नहीं दे सकते। अतः वांछित फल की प्राप्ति देवताओं के कारण नहीं, अपितु उनके माध्यम से भगवान् के कारण होती है।

इन श्लोकों में श्रीकृष्ण ने यही बताया है कि इच्छाओं की पूर्ति के लिए सामान्यजन देवताओं की पूजा करते हैं। अन्य जो ज्ञानीजन हैं, वे प्रभु को ही सबकुछ मानते हैं। उनके लिए प्रभु के सिवाय अन्य कुछ भी नहीं। श्रीकृष्ण ने कहा है कि जो देवताओं की पूजा करते हैं, उनकी इच्छा की पूर्ति तो मैं ही करता हूँ पर देवता के द्वारा। अल्पज्ञानी जीव इसे नहीं जानते। अतः वे मूर्खतावश देवताओं के पास जाते हैं, परंतु ज्ञानी भक्त परमेश्वर से ही याचना करते हैं। वर माँगना भक्ति का लक्षण नहीं है। परमेश्वर की भक्ति तथा देवताओं की पूजा एक समान नहीं है। देवताओं की पूजा भौतिक वस्तुओं की प्राप्ति के लिए है और परमेश्वर की भक्ति नितांत आध्यात्मिक है। भगवान् के भक्त भौतिक लाभ के लिए भक्ति नहीं करते। भक्त परमेश्वर पर ही निर्भर रहता है, जो कुछ प्रभु देते हैं, उसमें संतुष्ट रहता है।

श्लोक : 23

अन्तवत्तु फलं तेषां तद्भवत्यल्पमेधसाम्।
देवान्देवयजो यान्ति मद्भक्ता यान्ति मामपि॥

अन्वय—

अन्त-वत् तु फलम् तेषाम् तत् भवति अल्प-मेधसाम्।
देवान् देव-यजः यान्ति मत् भक्ता यान्ति माम् अपि॥

अर्थ—अल्प बुद्धिवालों का वह फल (देवताओं द्वारा प्राप्त हुआ) नाशवान होता है। देवताओं को पूजनेवाले देवताओं को प्राप्त होते हैं, किंतु मेरे भक्त मुझे ही प्राप्त होते हैं।

व्याख्या—जैसा कि पिछले श्लोक में श्रीकृष्ण ने बताया कि जो देवताओं की उपासना करते हैं, भौतिक नाशवान सुखों की प्राप्ति के लिए ही करते हैं। वास्तव में वे फल मैं ही प्रदान करता हूँ। सुख क्षण-भंगुर होते हैं, परंतु वे अल्पबुद्धिवाले इसे देवता द्वारा दिया हुआ फल समझकर उन्हीं में आस्था रखते हैं।

कामनाओं की पूर्ति के लिए जो पूजा-अर्चना करते हैं, प्रभु उन्हें अल्पबुद्धिवाले कह रहे हैं। देवताओं की आराधना करनेवाले देवताओं को ही प्राप्त होते हैं। उनकी मुक्ति संभव नहीं। श्रीकृष्णजी कह रहे हैं कि मेरी जानकारी पाकर, मेरा ज्ञान पाकर जो मेरी भक्ति करते हैं, वे मुझे प्राप्त होते हैं। उनका पुनर्जन्म नहीं होता, वे मुक्त हो जाते हैं।

श्लोक : 24

अव्यक्तं व्यक्तिमापन्नं मन्यन्ते मामबुद्धयः।
परं भावमजानन्तो ममाव्ययमनुत्तमम्॥

अन्वय—

अव्यक्तम् व्यक्तिम् आपन्नम् मन्यन्ते माम् अबुद्धयः।
परम् भावम् अजानन्तः मम अव्ययम् अनुत्तमम्॥

अर्थ—मेरी अनश्वर परमसत्ता को जाने बिना बुद्धिहीन मुझे अप्रकट स्वरूप को प्राप्त हुआ मानते हैं।

व्याख्या—इस श्लोक में अविनाशी परमसत्ता परमात्मा के बारे में श्रीकृष्णजी कह रहे हैं कि मेरा निराकार रूप जो नाश नहीं होता, अनश्वर है, उसे जो नहीं जानते वे अज्ञानी हैं। वे श्रीकृष्णजी के शरीर को ही सबकुछ मान बैठे हैं। जो निराकार परमात्मा को जानते हैं, इस परमसत्ता के अस्तित्व को समझते हैं, वे जानते हैं कि निराकार ही साकार रूप में अवतरित होते हैं। यही सर्वशक्तिमान प्रभु हैं, जो सारे ब्रह्मांडों को चलानेवाले हैं।

जो मनुष्य प्रभु की लीला को ही भक्ति मान लेते हैं, वे अविनाशी रूप को न जानकर केवल साकार रूप शारीरिक लीला से जुड़ जाते हैं, वे अल्पज्ञानी हैं। जहाँ उन्होंने केवल देवी-देवताओं की उपासना में लिप्त रहनेवालों को अल्पबुद्धि कहा, वहाँ भगवान् की शारीरिक लीला को ही केवल महत्त्व देनेवालों को अल्पज्ञानी कहा है।

भाव प्रभु के अविनाशी निराकार रूप को जानकार भक्ति करना ही सर्वोत्तम भक्ति है।

श्लोक : 25

नाहं प्रकाशः सर्वस्य योगमायासमावृतः।
मूढोऽयं नाभिजानाति लोको मामजमव्ययम्॥

अन्वय—

न अहम् प्रकाश: सर्वस्य योग-माया समावृत:।
मूढ: अयम् न अभिजानाति लोक: माम् अजम् अव्ययम्॥

अर्थ—मूर्ख (व्यक्ति) मुझ अविनाशी अजन्मा को नहीं जानता। मैं माया के योग से ढका हुआ सबके लिए प्रकट नहीं हूँ।

व्याख्या—श्रीकृष्णजी इस पृथ्वी पर साकार रूप में विद्यमान थे। सबके लिए दृश्य थे, फिर भी सबके समक्ष प्रकट नहीं थे। इस श्लोक में उन्होंने कहा कि मैं सबके लिए प्रकट नहीं हूँ, जब श्रीकृष्णजी शरीर रूप में विद्यमान थे तो उन्हें भगवान् रूप में समझनेवाले कोई-कोई थे। उन्होंने कहा कि जो मेरे अविनाशी रूप को तत्त्व से नहीं जानते, वे मूर्ख और अल्पबुद्धि हैं। उनके लिए मेरा यह रूप आवृत है, ढका हुआ है।

जो माया के परदे से परे, माया को अलग करके मुझ अविनाशी का जान लेते हैं, उनको मैं प्रकट हूँ।

"हरि व्यापक सर्वत्र समाना। प्रेम ते प्रगट होहिं मैं जाना।।"

परमात्मा हर जगह समान रूप में व्यापक है पर उसे प्रकट रूप में कोई ही जानने का, बोध करने का प्रयास करता है। जो यह बोध कर लेता है उसका मनुष्य जीवन सफल हो जाता है, वह मोक्ष को प्राप्त करता है।

श्लोक : 26

वेदाहं समतीतानि वर्तमानानि चार्जुन।
भविष्याणि च भूतानि मां तु वेद न कश्चन॥

अन्वय—

वेद अहम् समतीतानि वर्तमानानि च अर्जुन।
भविष्याणि च भूतानि माम् तु वेद न कश्चन॥

अर्थ—हे अर्जुन! मैं भूतकाल को, वर्तमान को, भविष्य को और समस्त जीवों को जानता हूँ, परंतु मुझे कोई नहीं जानता।

व्याख्या—परमात्मा अंतर्यामी है, सारी सृष्टि की रचना उसने की है, उसे हर वस्तु की खबर है, क्योंकि सबकुछ उसी ने बनाया है। वह भविष्य, वर्तमान और भूतकाल को जानता है। श्रीकृष्णजी कह रहे हैं कि मैं तो सब जानता हूँ पर मुझे काई नहीं जानता।

चौथे अध्याय के 34वें श्लोक में प्रभु ने अपने जानने की विधि बताई है कि तत्त्वदर्शी (जिन्होंने परमात्मा के तत्त्वरूप के दर्शन किए हैं) उनके चरणों में नमन करके इसे जाना जा सकता है।

श्लोक : 29

जरामरणमोक्षाय मामाश्रित्य यतन्ति ये।
ते ब्रह्म तद्विदुः कृत्स्नमध्यात्मं कर्म चाखिलम्॥

अन्वय—

जरा मरण मोक्षाय माम् आश्रित्य यतन्ति ये।
ते ब्रह्म तत् विदुः कृत्स्नम् अध्यात्मम् कर्म च अखिलम्॥

अर्थ—जो जरा और मृत्यु से मोक्ष पाने के लिए यत्नशील रहते हैं, ऐसे व्यक्ति मेरी शरण लेकर वास्तव में ब्रह्म को और दिव्य कर्मों को पूर्णतया जानते हैं।

व्याख्या—श्रीकृष्ण ने कहा है कि यह आत्मा बार-बार शरीर धारण करती है। बार-बार जन्म-मृत्यु, रोग, बुढ़ापा इस भौतिक शरीर को सताते हैं। जो व्यक्ति मनुष्य जन्म पाकर (जिसे हीरे जैसा अनमोल जन्म भी कहा गया है) बार-बार के जन्म-मरण से मुक्ति पाने का यत्न करता है, वह अंततः परमात्मा को पाकर मोक्ष को प्राप्त करता है। ऐसा व्यक्ति परमात्मा को जानकर ब्रह्म को सर्वव्यापक हुआ महसूस करता है। वही मुक्त है।

अहं ब्रह्म अस्मि—मैं ब्रह्म हूँ। यह वही कह सकता है, जो ब्रह्म का बोध हासिल कर लेता है। उससे नाता जोड़ लेता है। अपने आपको प्रभु से अलग नहीं मानता। श्रीकृष्ण कह रहे हैं कि वह कर्मों को, दिव्य गुणों को जान लेता है, उसके लिए कुछ भी जानना बाकी नहीं रह जाता। वह फिर शरीर में रहते हुए शरीर को गौण मानता है। उसके लिए परमात्मा से योग (जुड़ना) ही सर्वोपरि है।

श्लोक : 30

साधिभूताधिदैवं मां साधियज्ञं च ये विदुः।
प्रयाणकालेऽपि च मां ते विदुर्युक्तचेतसः॥

अन्वय—

स-अधिभूत अधिदैवम् माम् स अधियज्ञम् च ये विदुः।
प्रयाण काले अपि च माम् ते विदुः युक्त-चेतसः॥

अर्थ—जो मुझे संपूर्ण जगत् को चलानेवाला, समस्त देवताओं को नियंत्रित

करनेवाला, संपूर्ण जगत् को नियंत्रित करनेवाला जानते हैं, मुझमें मन लगानेवाले वे अंत समय में भी मुझको जानते हैं।

व्याख्या—भाव यह है, जिन्हें मेरा ज्ञान है, उनका मन हर समय मेरे में लगा है। उन्हें जानकारी है कि मैं ही सबको नियंत्रित करनेवाला कर्ता हूँ। समस्त देवता, समस्त जगत् सब मेरी ही रचना है। चलानेवाला भी मैं ही हूँ। मैं जब चाहूँ पूरी सृष्टि को समेट लूँ, जब चाहूँ इसका विस्तार कर लूँ। ऐसे ज्ञानीजन तत्त्ववेत्ता मेरे अविनाशी निराकार रूप को जाननेवाले हर पल मुझे ही सबकुछ करनेवाला मानते हैं। अंत समय में भी उनका मन मेरे में ही लगा होता है।

भाव यह कि जब हर पल मन ऐसा महसूस करता है कि परमात्मा ही सबकुछ करनेवाला है तभी संसार चल रहा है तो किसी भी समय मन में कोई और भाव नहीं आता, फिर मृत्यु के समय भी उसका यही भाव स्वाभाविक बना रहता है।

श्री कृष्णजी यही कह रहे हैं कि जो भक्त मेरी शरण में रहकर, मेरे परायण होकर मुझे ही प्राप्त करता है, वह जीवन-मरण से मुक्त हो जाता है। बार-बार शरीर धारण नहीं करता। मोक्ष प्राप्त करता है।

□

आठवाँ अध्याय

श्लोक : 3

अक्षरं ब्रह्म परमं स्वभावोऽध्यात्ममुच्यते।
भूतभावोद्भवकरो विसर्गः कर्मसञ्ज्ञितः॥

अन्वय—

अक्षरम् ब्रह्म परमम् स्वभावः अध्यात्मम् उच्यते।
भूत-भाव-उद्भव-करः विसर्गः कर्म सञ्ज्ञितः॥

अर्थ—अविनाशी दिव्य जीव ब्रह्म, सनातन आत्मा कहलाता है। जीव शरीर से सृष्टि के कर्म उत्पन्न करके सकाम कर्म कहलाता है।

व्याख्या—शरीर पाँच तत्त्वों से बना है—धरती, अग्नि, जल, वायु, आकाश। ये पाँचों तत्त्व देखे एवं महसूस किए जा सकते हैं। इसमें छठा तत्त्व अविनाशी ब्रह्म है, जो क्रियाशील है, जिसे जीव भी कहते हैं। यह ब्रह्म परमात्मा का अंश है। शरीर में इंद्रियाँ कार्य नहीं करतीं, जीव इसके अंदर है तो ये सक्रिय हैं। शरीर से ब्रह्म परमात्मा का अंश जीव निकल जाए तो शरीर निर्जीव पड़ा रह जाता है। कोई अंग काम नहीं करता।

भाव शरीर की इंद्रियाँ जीव के चलाने से ही भौतिक कर्म करती हैं।

श्लोक : 5 एवं 6

अन्तकाले च मामेव स्मरन्मुक्त्वा कलेवरम्।
यः प्रयाति स मद्भावं याति नास्त्यत्र संशयः॥
यं यं वापि स्मरन्भावं त्यजत्यन्ते कलेवरम्।
तं तमेवैति कौन्तेय सदा तद्भावभावितः॥

अन्वय—

अन्तकाले च माम् एव स्मरन् मुक्त्वा कलेवरम्।
यः प्रयाति सः मत्-भावम् याति न अस्ति अत्र संशयः॥
यम् यम् क अपि स्मरन् भावम् त्यजति अन्ते कलेवरम्।
तम् तम् एव एति कौन्तेय सदा तत् भाव भक्तिः॥

अर्थ—जीवन के अंत में जो केवल मेरा स्मरण करता शरीर का त्याग करता है, वह तुरंत मेरे स्वभाव को (मेरे रूप को) प्राप्त करता है। इसमें रंच मात्र भी संदेह नहीं है।

हे कुंती पुत्र! शरीर त्यागते समय मनुष्य जिस-जिस भाव का स्मरण करता है, वह उस उस भाव को निश्चित रूप से प्राप्त होता है।

व्याख्या—श्रीकृष्णजी अपने स्मरण का महत्त्व बता रहे हैं कि जो मेरा स्मरण करते हुए शरीर त्यागता है, वह फिर मुझे ही प्राप्त होता है, मोक्ष को प्राप्त होता है, इसमें कोई संदेह नहीं। इस श्लोक में उनके कहने का भाव यह है कि अगर मनुष्य हर पल प्रभु का स्मरण करता है तो फिर वह उसका स्वभाव बन जाता है। एक पल के लिए भी प्रभु उससे अलग नहीं होता और स्वाभाविक ही उसका ध्यान प्रभु में होता है। हर कार्य करता हुआ वह प्रभु को अपने निकट ही पाता है। मनुष्य को तो पता ही नहीं कि अंत समय कब आ जाता है। हर पल प्रभु स्मरण में है तो अंत समय भी स्मरण ही हो रहा होता है। स्मरण तभी संभव है अगर प्रभु का ज्ञान हो गया है।

मानव जीवन दुर्लभ है। इस जीवन में मानव अपने मूल अस्तित्व (परमात्मा) का बोध हासिल करके जन्म-मरण के बंधन से मुक्त होकर मोक्ष प्राप्त कर सकता है, अन्यथा बार-बार जन्म लेकर चौरासी लाख योनियाँ भोगता है। परमात्मा का ज्ञान पाकर देह त्यागने के बाद वह परमात्मा में ही समा जाता है। परमात्मा को जानकर वह कह उठता है—'शिवोऽह, शिवोऽह', 'शिवानंद रूपो शिवोऽहं, शिवोऽहं' मैं शिव का आनंदस्वरूप हूँ, मैं शिव हूँ, मैं शिव हूँ।

हे कुंती पुत्र! अगर सारी आयु भौतिक पदार्थों में मन लगा हुआ है तो अंत समय कितना भी उसे सुनाया जाए या बुलवाया जाए, मन में वे भाव नहीं आते। हर पल प्रभु का स्मरण करने से यह लोक एवं परलोक दोनों सँवर जाते हैं।

श्लोक : 7

तस्मात्सर्वेषु कालेषु मामनुस्मर युध्य च।
मय्यर्पितमनोबुद्धिर्मामेवैष्यस्यसंशयम्॥

अन्वय—

तस्मात् सर्वेषु कालेषु माम् अनुस्मर युध्य च।
मयि अर्पित मन: बुद्धि माम् एव एष्यसि असंशय॥

अर्थ—इसलिए हर समय मुझे स्मरण करो और युद्ध करो। मुझमें मन और बुद्धि को अर्पित करके तुम निश्चय ही मुझे ही प्राप्त करोगे।

व्याख्या—भाव यह है कि जो मनुष्य हर कर्म करते हुए मन और बुद्धि को परमात्मा में लगाकर उसका स्मरण करे, वह परमात्मा में ही लीन होता है। परमात्मा का हर पल स्मरण तभी संभव है, जब परमात्मा को देखा है या जाना है। ऐसा नहीं कि जब कर्म कर रहे हैं तो भक्ति नहीं हो सकती या जब भक्ति करने बैठे तो कर्म नहीं कर सकते।

गीता का यह उपदेश भगवान् का स्मरण, मनन तथा कर्तव्य पालन सब साथ-साथ करने का रास्ता दिखाता है, इसलिए हर समय मुझे स्मरण करो और युद्ध भी करो। मुझमें मन एवं बुद्धि अर्पित करके तुम निश्चय ही मुझे प्राप्त करोगे।

श्लोक : 8

अभ्यासयोगयुक्तेन चेतसा नान्यगामिना।
परमं पुरुषं दिव्यं याति पार्थनुचिन्तयन्॥

अन्वय—

अभ्यास-योग युक्तेन चेतसा न न्य गामिना।
परमम् पुरुषम् दिव्यम् याति पार्थ अनुचिन्तयन्॥

अर्थ—हे अर्जुन! योग के अभ्यास से युक्त अन्य विषयों को न सोचनेवाला चित्त में निरंतर ईश्वर का स्मरण करके दिव्य परमपुरुष (भगवान्) को प्राप्त करता है।

व्याख्या—इस श्लोक में भगवान् श्रीकृष्ण अपने स्मरण किए जाने की महत्ता पर बल देते हैं। जिसका योग (जोड़) परमात्मा से हो जाता है, वे निरंतर चित्त में ईश्वर का स्मरण करके परमपुरुष परमात्मा को प्राप्त होते हैं। जब जीवात्मा प्रभु परमात्मा को जान लेती है, वही योग है और जिसका ईश्वर में योग हो जाता है, वह आत्मा किसी अन्य का स्मरण नहीं करती। इस भक्ति को अनन्या भक्ति कहा जाता है।

श्लोक : 9

कविं पुराणमनुशासितारमणोरणीयांसमनुस्मरेद्य:।
सर्वस्य धातारमचिन्त्यरूपमादित्यवर्णं तमस: परस्तात्॥

अन्वय—

कविम् पुराणम् अनुशासितारम् अणोः अणीयांसम् अनुस्मरेत् यः।
सर्वस्य धातरम् अचिन्त्य रूपम् आदित्य-वर्णम् तमसः परस्तात्॥

अर्थ—जो सर्वज्ञ (अंतर्यामी), सर्वव्यापी, सनातन, सबका शासक, सूक्ष्म से अति सूक्ष्म, सबको पालनेवाला, सोच से परे, अंधकार से दूर, सूर्य के समान प्रकाशमान है, मनुष्य उसका स्मरण करे।

व्याख्या—प्रभु निर्गुण होते हुए भी अनेक गुणवाला है। इसके गुणों का वर्णन करना इनसान के वश में नहीं। यहाँ परमात्मा को सबकुछ जाननेवाला, मन के अंदर की जाननेवाला, सब जगह विद्यमान, पुरातन से अधिक पुरातन, इसके जैसा कोई नहीं, सोच से भी परे, अप्रतिम प्रकाशमान बताया गया है।

यह प्रभु चलनेवाली वस्तुएँ जिन्हें चर कहते हैं और जो न चलनेवाली जिन्हें अचर कहते हैं, जैसे—पेड़-पौधे, सब जगह व्याप्त हैं। इसके बिना सूई के समान भी खाली स्थान नहीं। संसार की हर वस्तु सूरज, धरती, चाँद, तारे सब इसकी आज्ञा से चलते हैं और वही सबका शासक है।

ईश्वर सूक्ष्म से अति सूक्ष्म तथा विशाल से अति विशाल है। सबकी पालना करनेवाला है। छोटे-से-छोटे जानवर से लेकर बड़े-से-बड़े जानवर के लिए जीने के साधन उसी ने बनाए हैं। इसकी प्रकृति को समझ पाएँ, इतनी बुद्धि नहीं है हममें। अनगिनत सूर्य के समान प्रकाशमान अंधकार से दूर, ऐसे प्रभु का स्मरण करें।

इसका स्मरण सत्गुरु के द्वारा प्रदत्त ज्ञान से ही संभव है। बिना इसे जाने स्मरण नहीं हो सकता। रामचरितमानस में कहा गया है—

"बिनु जाने न होइ परतीति, बिनु परतीति न होइ प्रीति"
बिनु प्रीति नहीं भक्ति दृड़ाई, ज्यों खगेश जल के चिकनाई"

प्रभु को जाने बिना न प्रभु की भक्ति संभव है और न ही प्रभु से प्रीत हो सकती है।

श्लोक : 14

अनन्यचेताः सततं यो मां स्मरति नित्यशः।
तस्याहं सुलभः पार्थ नित्ययुक्तस्य योगिनः॥

अन्वय—

अनन्य-चेताः सततम् यो माम् स्मरति नित्यशः।
तस्य अहम् सुलभः पार्थ नित्य युक्तस्य योगिनः॥

अर्थ—हे अर्जुन! जो अनन्य भाव से सदा निरंतर मेरा स्मरण करता है, उसके लिए मैं सुलभ हूँ, क्योंकि वह मेरी भक्ति में प्रवृत्त रहता है।

व्याख्या—इस श्लोक में श्रीकृष्ण ने अनन्या भक्ति का महत्त्व बताया है। अनन्या भक्ति निरंतर भक्त के हृदय में रहती है। जिनके हृदय में ऐसी भक्ति है, उनके लिए प्रभु भी हर समय सुलभ हैं। अनन्य भक्त केवल एक प्रभु का ही आश्रय लेते हैं, अन्य किन्हीं शक्तियों का नहीं। केवल प्रभु का स्मरण हर समय उनके हृदय में रहता है। श्रीकृष्ण ने गीता में कहा है कि जो खाते हुए, पीते हुए, उठते हुए, बैठते हुए, त्यागते हुए निरंतन मेरा ही भजन करता है, वह अनन्य भक्त मुझे अति प्रिय है। रामचरितमानस में गोस्वामी तुलसीदासजी ने लिखा है—

"मुनि अगत्स्य कर सिष्य सुजाना। नाम सुतीछन रति भगवाना।।
मन कर्म वचन राम पद सेवक। सपनेहुँ आन भरोस न देवक॥"

भाव जो मन, वचन और कर्म से प्रभु के चरणों का दास होता है, वह सपने में भी किसी अन्य देवता का भरोसा नहीं करता। वह ही अनन्य भक्त है और प्रभु ऐसे भक्त के लिए हर पल सुलभ होते हैं।

श्लोक : 15

मामुपेत्य पुनर्जन्म दुःखालयमशाश्वतम्।
नाप्नुवन्ति महात्मानः संसिद्धिं परमां गताः॥

अन्वय—

माम् उपेत्य पुनः जन्म दुःख आलयम् अशाश्वतम्।
न आप्नुवन्ति महा-आत्मानः संसिद्धिम् परमाम् गताः॥

अर्थ—मुझको प्राप्त करके, फिर नश्वर जगत् के दुःख कभी नहीं भोगता। महापुरुष परमसिद्धि को प्राप्त करते हैं।

व्याख्या—इस श्लोक में श्रीकृष्ण बता रहे हैं कि जो मुझे प्राप्त कर लेते हैं, वे इस नाशवान जगत् के दुःखों से प्रभावित नहीं होते। भौतिक दुःख उन्हें महसूस नहीं होते, क्योंकि उनको परमपिता परमात्मा का एहसास हर पल होता है। मुझे प्राप्त करके वह महान् आत्मा हो जाते हैं और परमसिद्धि मोक्ष प्राप्त करते हैं।

इस लोक में भी यही कहा गया है कि दुःखों से मुक्ति परमात्मा के ज्ञान से संभव है। बार-बार जन्म-मरण से छुटकारा पाने का भी ज्ञान ही एकमात्र उपाय है। यह परमात्मा का ज्ञान सद्गुरु के मिलने से ही संभव है।

श्लोक : 16 एवं 21

आब्रह्मभुवनाल्लोकाः पुनरावर्तिनोऽर्जुन।
मामुपेत्य तु कौन्तेय पुनर्जन्म न विद्यते॥
अव्यक्तोऽक्षर इत्युक्तस्तमाहुः परमां गतिम्।
यं प्राप्त न निवर्तन्ते तद्धाम परमं मम्॥

अन्वय—

आ-ब्रह्म-भुवनात् लोकाः पुनः आवर्तिनः अर्जुन।
माम् उपेत्य तु कौन्तेय पुनः जन्म न विद्यते॥
अव्यक्त अक्षरः इति उक्तः तम् आहुः परमाम् गतिम्।
यम् प्राप्त न निर्वतन्ते तत् धाम परमम् मम॥

अर्थ—हे अर्जुन! ब्रह्मलोक तक सारे लोक, फिर लौटनेवाले हैं, किंतु मुझे प्राप्त करके हे कुती पुत्र, पुनर्जन्म नहीं होता है। जिसे अव्यक्त अविनाशी कहा गया है, उसे ही परमधाम कहते हैं। इसे प्राप्त करके जीव पुनः इस संसार में नहीं आते हैं।

व्याख्या—ब्रह्मलोक हो या देवलोक या स्वर्गलोक, सब लोकों के जीव बार-बार मृत्युलोक को लौटकर आते हैं। इस लोक में बार-बार जन्म लेना, चौरासी लाख योनियों में विचरना जीव के लिए सबसे ज्यादा दुःखदायी है। इसके लिए भगवद्गीता में श्रीकृष्ण ने कहा है कि इससे मुक्ति पाने का केवल एक ही मार्ग है। उपर्युक्त दोनों श्लोकों में कहा गया है कि जो मुझे प्राप्त कर लेते हैं, उनका पुनर्जन्म नहीं होता। वे शरीर त्यागने के बाद, फिर इस लोक में नहीं आते।

मेरे अविनाशी रूप का, जिसे परमधाम भी कहा गया है, ज्ञान प्राप्त करनेवाले मेरे को ही प्राप्त होते हैं। मुझमें ही एकाकार हो जाते हैं। वे भी ब्रह्म ही हो जाते हैं। मानव जीवन का उद्देश्य है—प्रभु परमात्मा को जानकर मोक्ष प्राप्त करना। परमात्मा से नाता जोड़कर आवागमन के बंधन से मुक्त होना।

प्रभु को जानने का केवल एक ही मार्ग है। सद्गुरु की कृपा से ही प्रभु को जाना जा सकता है।

श्लोक : 22

पुरुषः स परः पार्थ भक्त्या लभ्यस्त्वनन्यया।
यस्यान्तः स्थानि भूतानि येन सर्वमिदं ततम्॥

अन्वय—

पुरुषः सः परः पार्थ भक्त्या लभ्यः तु अनन्यया।
यस्य अन्तः स्थानि भूतानि येन सर्वम् इदम् ततम्॥

अर्थ—हे अर्जुन! समस्त प्राणी जिसके भीतर स्थित हैं, जिनके अंदर समस्त संसार व्याप्त है, वह परमपुरुष केवल अनन्या भक्ति के द्वारा ही मिलता है।

व्याख्या—परमात्मा को अनन्या भक्ति द्वारा ही प्राप्त किया जा सकता है। भाव यह कि एकनिष्ठ भक्ति, केवल एक प्रभु की भक्ति, प्रभु को छोड़कर किसी अन्य की भक्ति नहीं। परमात्मा कण-कण में व्याप्त है, सर्वत्र समाया है, जिसके द्वारा यह सारा संसार रचा गया है। सबकुछ इस प्रभु के भीतर स्थित है। इस प्रभु की प्राप्ति करके, इसके स्वरूप को जानकर, फिर इसकी भक्ति द्वारा ही यह आत्मा इससे एकाकार हो जाती है।

परमात्मा को जानकर यह जीव बार-बार लौटकर नहीं आता। वह भी ब्रह्म में समा जाता है। ब्रह्म ही हो जाता है।

श्लोक : 26

शुक्लकृष्णे गती ह्येते जगतः शाश्वते मते।
एकया यात्यनावृत्तिमन्ययावर्तते पुनः॥

अन्वय—

शुक्ल कृष्णे गती हि एते जगतः शाश्वते मते।
एकयायाति अनावृत्तिम अन्यया आवर्तते पुनः॥

अर्थ—भौतिक जगत् से जाने के निश्चय ही दो मार्ग हैं प्रकाश और अंधकार। एक के द्वारा जाने के बाद जीव नहीं लौटता, अन्य के द्वारा पुनः लौटकर आ जाता है।

व्याख्या—किसी वस्तु को न देख पाना अंधकार है और उसे देख लेना प्रकाश है। इसी प्रकार परमात्मा को न जानना अंधकार है और इसे जानना प्रकाश है।

प्रभु का अंश परमात्मा हमारे अंदर विद्यमान है, लेकिन यह आत्मा अपने मूल रूप परमात्मा से अनभिज्ञ है। परमात्मा को जानकर यह प्रकाशमय हो जाती है। प्रभु को जानकर, इसे प्राप्त करके यह जन्म-मरण के बंधन से मुक्त होकर मोक्ष प्राप्त करती है, अगर परमात्मा को नहीं जाना तो ज्ञान उजाला न होने के कारण आत्मा चौरासी लाख योनियों में भटकती रहती है।

जिनके पास यह ज्ञान है, वे इस मृत्युलोक में नहीं लौटते। इसके विपरीत जो आत्मा अपने निज घर परमात्मा को नहीं जानती और अंधकार में ही इस जगत् से जाती है, वह बार-बार शरीर धारण करती है।

श्लोक : 28

वेदेषु यज्ञेषु तपः सु चैव दानेषु यत्पुण्यफलं प्रदिष्टम्।
अत्येति तत्सर्वमिदं विदित्वा योगी परं स्थानमुपैति चाद्यम्॥

अन्वय—

वेदेषु यज्ञेषु तपः सु च एव दानेषु यत् पुण्य-फलम् प्रदिष्टम्।
अत्येति तत्-सर्वम् इदम् विदित्वा योगी परम् स्थानम् उपैति च आद्यम॥

अर्थ—जो योगी मूल को जानकर परमधाम को प्राप्त करता है, वह निश्चय ही वेदों के अध्ययन, यज्ञों को संपन्न करने, तप करने, दान करने और सिंचित-अर्जित पुण्य कर्मों के फल को लाँघ जाता है।

व्याख्या—जब आत्मा अपने मूल रूप परमात्मा को जान लेती है तो वह ब्रह्मस्वरूप हो जाती है, तब आत्मा परमात्मा से अलग नहीं होती। यह जुड़ना ही योग कहलाता है। परमात्मा से जुड़नेवाला योगी होता है। यह योगी परमधाम पा लेता है। सबसे उच्च अवस्था प्राप्त करता है।

परमात्मा का ज्ञान पाकर वेदों का अध्ययन किया है या नहीं, यज्ञ, तप, दान और इसी तरह के अनेक पुण्य कर्म किए हैं तो भी नहीं किए हैं तो भी, ज्ञानी पुरुष इन सबसे ऊपर उठ जाता है। सबको लाँघ जाता है।

इनसान जितने भी पुण्य कर्म करता है, वे सब प्रभु-प्राप्ति के यत्न हैं। श्रीकृष्णजी कह रहे हैं कि जो मूल रूप परमात्मा को जानकर अपने परमधाम को पा लेता है, वह फिर जप, तप, दान, पुण्य कर्मों से मुक्त हो जाता है। वही योगी है।

□

नौवाँ अध्याय

श्लोक : 1

इदं तु ते गुह्यतमं प्रवक्ष्याम्यनसूयवे।
ज्ञानं विज्ञानसहितं यज्ज्ञात्वा मोक्ष्यसेऽशुभात्॥

अन्वय—

इदम् तु ते गुह्य-तमम् प्रवक्ष्यामि अनसूयवे।
ज्ञानम् विज्ञानम् सहितम् यत् ज्ञात्व मोक्ष्यसे अशुभात्॥

अर्थ—मैं इस दोषरहित अत्यंत गूढ़ रहस्य (गुह्य) विज्ञान सहित ज्ञान को तुम्हारे लिए कह रहा हूँ, जिसे जानकर कष्टमय संसार से मुक्त हो जाओगे।

व्याख्या—श्रीकृष्ण ने ज्ञान की महिमा बताई है कि परमात्मा का ज्ञान विज्ञान सहित है। जो परमात्मा को जान लेता है, वह छोटी-से-छोटी और बड़ी-से-बड़ी वस्तु में परमात्मा की रचना का विज्ञान देखता है।

परमात्मा की रचना यह कि छोटा-सा बीज पेड़ बन जाता है। धरती अपनी धुरी पर नियमित गति से घूम रही है और साथ ही नियंत्रित गति से सूर्य का चक्कर लगा रही है। हर वस्तु नियंत्रण में चलती जा रही है। यही विज्ञान है परमात्मा का।

यह विज्ञान सहित परमात्मा का ज्ञान, परमात्मा की जानकारी अत्यंत गूढ़ और दुर्लभ है। अपने आप यह समझ न आनेवाला ज्ञान गुरु के द्वारा ही समझ में आता है। जो मनुष्य अंधकार में ही है कि परमात्मा कहाँ है? कैसे जाना जा सकता है? इस अंधकार को दूर करके उजाला दे दें, परमात्मा के तत्त्व रूप में दर्शन करा दे। वही गुरु है।

अर्जुन बचपन से ही श्रीकृष्णजी के मित्र थे, पर वे उन्हें प्रभु के रूप में नहीं जानते थे, जब श्रीकृष्णजी ने ज्ञान उजाला दिया, अंधकार दूर हो गया। यही ज्ञान

पाकर मानव संसार के कष्ट से मुक्त हो सकता है और मोक्ष प्राप्त करता है, फिर वह बार-बार मृत्युलोक में नहीं आता।

श्लोक : 2

राजविद्या राजगुह्यं पवित्रमिदमुत्तमम्।
प्रत्यक्षावगमं धर्म्यं सुसुखं कर्तुमव्ययम्॥

अन्वय—

राज-विद्या राज-गुह्यम् पवित्रम् इदम् उत्तमम्।
प्रत्यक्ष अवगमम् धर्म्यम् सु-सुखम् कर्तुम् अव्ययम्॥

अर्थ—इस अविनाशी का अति उत्तम ज्ञान सभी विद्याओं का राजा है। बड़े से बड़ा है। गूढ़ से अति गूढ़ है। धर्म के अनुसार, प्रत्यक्ष समझा गया, यह अत्यंत सुखी करनेवाला है।

व्याख्या—अविनाशी प्रभु के ज्ञान को प्रत्यक्ष (सामने से प्रकट रूप में) समझा जा सकता है। भाव यह कि प्रभु का ज्ञान समझने के लिए प्रत्यक्ष (आमने-सामने) समझनेवाला और समझानेवाला होना चाहिए। इस उत्तम ज्ञान को (जो गूढ़ है) वह समझा सकता है, जिसने इसे प्राप्त किया है और आगे समझा पाने में समर्थ है।

श्रीकृष्ण अर्जुन के साथ 32 वर्ष तक साथ थे, परंतु वे प्रभु रूप को अपने आप समझ नहीं पाए, जब श्रीकृष्ण ने प्रत्यक्ष इशारा किया और बताया कि मैं निराकार रूप में, अविनाशी रूप में सर्वत्र व्यापक हूँ और सारे ब्रह्मांड में ही व्याप्त हूँ, तब अर्जुन ने उनके निराकार रूप को जाना।

इस ज्ञान को अति उत्तम और अत्यंत सुखी करनेवाला बताया गया है। भाव यह कि सब ज्ञानों से बढ़कर यह गूढ़ ज्ञान है। इस ज्ञान से बढ़कर और कोई ज्ञान नहीं है। इसकी जानकारी में सब जानकारियाँ समाहित हैं। यह ज्ञान अत्यंत सुखी करनेवाला है।

श्लोक : 6

यथाकाशस्थितो नित्यं वायुः सर्वत्रगो महान।
तथा सर्वाणि भूतानि मत्स्थानीत्युपधारय॥

अन्वय—

यथा आकाश-स्थितः नित्यम् वायुः सर्वत्र-गः महान।
तथा सर्वाणि-भूतानि मत्-स्थानि इति उपधारय॥

अर्थ—जिस प्रकार सर्वत्र (सभी जगह) बहनेवाली वायु सदैव आकाश में स्थित रहती है, उसी प्रकार समस्त उत्पन्न प्राणियों को मुझमें स्थित जानो।

व्याख्या—जैसे वायु कितनी भी प्रबल हो, फिर भी आकाश के अंतर्गत स्थित है। उसकी शक्ति सीमित है। उसी तरह हर वस्तु हर प्राणी की शक्ति को मेरे में स्थित समझो। मैं ही सबका कर्णधार हूँ, सब मेरी इच्छानुसार चलता है।

परमात्मा ही सर्वशक्तिमान है। प्रभु की शक्ति से ही सबकुछ चलता है। परमात्मा अगर शक्ति न दे तो कोई भी वस्तु हिल-डुल नहीं सकती। कभी अपनी ताकत का अहं न हो प्रत्येक में परमात्मा की दी हुई शक्ति को पहचानें।

श्लोक : 9

न च मां तानि कर्माणि निबध्नन्ति धनञ्जय।
उदासीनवदासीनमसक्तं तेषु कर्मसु॥

अन्वय—

न च माम् तानि कर्माणि निबध्नन्ति धनञ्जय।
उदासीन्-वत आसीनम् असक्तम् तेषु कर्मसु॥

अर्थ—हे अर्जुन! ये सारे कर्म मुझे नहीं बाँध पाते हैं। उदासीन बन इन सारे कर्म से विरक्त हूँ।

व्याख्या—मनुष्य अपने कर्मों से अपनी भक्ति का मूल्यांकन करता है। वह उच्च श्रेणी का भक्त होने की पहचान अच्छे कर्म मान लेता है। यह सत्य है कि अच्छे कर्मों से मनुष्य में अनेक गुण आ जाते हैं। वह नम्र, सहनशील, दयालु, मधुरभाषी, सबको प्यार करनेवाला और ऐसे अनेक गुणों से युक्त हो जाता है। ये सारे गुण उसके अपने जीवन में सुख और शांति प्रदान करते हैं, जीवन में भी निखार आ जाता है, लेकिन भक्ति और कर्म दो अलग-अलग रास्ते हैं, प्रभु को केवल भक्ति से ही पाया जा सकता है। कर्मों से प्रभु को जाना नहीं जा सकता, न ही पाया जा सकता है।

यहाँ श्रीकृष्ण कह रहे हैं कि अगर मुझे कोई कर्मों से प्रसन्न करना चाहता है तो मैं कर्मों से नहीं बँधता, विरक्त भाव से मैं उससे परे रहता हूँ। किसी व्रत, नेम या मंत्रों के रटने या तीर्थों की यात्राएँ, इन सभी कर्मों के बंधन से प्रभु परे हैं। ये सभी कर्म मनुष्य के अपने लिए हैं। प्रभु की भक्ति का इनसे कोई संबंध नहीं है।

श्लोक : 11

अवजानन्ति मां मूढा मानुषीं तनुमाश्रितम्।
परं भावमजानन्तो मम भूतमहेश्वरम्॥

अन्वय—

अवजानन्ति माम् मूढ़ा मानुषीम् तनुम् आश्रितम्।
परम् भावम् अजानन्तः मम भूत महा-ईश्वरम्॥

अर्थ—अज्ञानी मनुष्य मुझ महान् ईश्वर के श्रेष्ठ भाव को न जानकर, मुझे शरीर में आश्रित समझकर मेरी अवहेलना करते हैं।

व्याख्या—भगवान् सारे विशाल ब्रह्मांडों की रचना करनेवाले, पालना करनेवाले और संहार करनेवाले हैं तो भी अल्पज्ञानी लोग इन्हें शक्तिशाली पुरुष जानकर उनकी अवहेलना करते हैं।

यहाँ श्रीकृष्ण बता रहे हैं कि मैं मनुष्य रूप में वे सारे कर्म करता हूँ, जो एक मनुष्य करता है। मूर्ख व्यक्ति मुझे मनुष्य ही समझ लेते हैं। वे भगवान् को सामान्य व्यक्ति या शक्तिशाली पुरुष इसलिए मानते हैं, क्योंकि प्रभु के गुह्य (गूढ़, गहन) कर्मों और उनकी विभिन्न शक्तियों से अपरिचित होते हैं। वे नहीं जानते कि प्रभु प्रत्येक वस्तु के स्वामी हैं और किसी को भी मुक्ति प्रदान करनेवाले हैं। वे शरीर रूप में आनंद एवं पूर्ण ज्ञान के प्रतीक हैं।

भगवान् अपना अलौकिक रूप सबके आगे प्रकट नहीं करते। विरले ही होते हैं, जिनको प्रभु अपना निराकार रूप दिखाते हैं। वे तत्त्व रूप के दर्शन करके उन्हें प्रभु रूप में पहचानते हैं।

श्लोक : 20 एवं 21

त्रैविद्या मां सोमपाः पूतपापा यज्ञैरिष्ट्वा स्वर्गतिं प्रार्थयन्ते।
ते पुण्यमासाद्य सुरेन्द्रलोकमश्नन्ति दिव्यान्दिवि देवभोगान्॥
ते तं भुक्त्वा स्वर्गलोकं विशालं क्षीणे पुण्ये मत्युलोकं विशन्ति।
एवं त्रयीधर्ममनुप्रपन्ना गतागतं कामकामा लभन्ते॥

अन्वय—

त्रै-विद्याः माम् सोम-पाः पूत पापाः यज्ञैः इष्ट्वा स्वःगतिम् प्रार्थयन्ते।
ते पुण्यम् आसाद्य सुर-इन्द्र लोकम् अश्नन्ति दिव्यान् दिवि देव-भोगान्॥
ते तम् भुक्त्वा स्वर्ग-लोकम् विशालम् क्षीणे पुण्य मर्त्य-लोकम् विशन्ति।
एवम् त्रयी धर्मम् अनुप्रपन्नाः गत-आगतम् काम-कामा लभन्ते॥

अर्थ—तीनों वेदों को जाननेवाले, यज्ञों के द्वारा पूजा करके सोम रस पीकर निष्पाप होकर प्रार्थना करते हैं। वे पुण्य कर्मों से इंद्रलोक को प्राप्त होकर स्वर्ग में इंद्रलोक के भोगों को भोगते हैं।

वे उस विशाल स्वर्ग को भोग करके पुण्य समाप्त होने पर पुनः मृत्युलोक में लौट आते हैं। इस प्रकार तीनों वेदों के सिद्धांत का पालन करनेवाले इंद्रियों के सुख के लिए बार-बार जन्म तथा मृत्यु को प्राप्त करते हैं।

व्याख्या—यहाँ श्रीकृष्ण ने स्पष्ट किया है कि यज्ञों के करने, वेदों के अध्ययन से, तप से या पुण्य कर्मों से लोक का सुख, स्वर्ग का सुख तथा इंद्रलोक का सुख भी पाया जा सकता है, परंतु मोक्ष एवं मुक्ति संभव नहीं। अपने पुण्य कर्मों के द्वारा स्वर्ग का सुख पाकर स्वर्गलोक के सुख भोगते हैं, लेकिन उनके पुण्य धीरे-धीरे समाप्त हो जाते हैं। वे फिर मृत्युलोक में लौटकर, फिर जन्म और मृत्यु के बंधन में बँध जाते हैं।

मानव जीवन बड़े भाग्य से मिलता है। इस जन्म में ही संभव है कि परमात्मा का अंश आत्मा (जो अपने मूल रूप परमात्मा से बिछड़कर बार-बार जन्म लेती है) परमात्मा को जानकर, इससे नाता जोड़कर आवागमन के बंधन से मुक्त हो जाए। परमात्मा को जानना अपने निज स्वरूप की पहचान ही मानव जीवन का लक्ष्य है। परमात्मा को पाकर अज्ञानता का अंधकार समाप्त हो जाता है। ज्ञान का प्रकाश हो जाता है और आत्मा परमात्मा में समाहित होकर, फिर चौरासी लाख योनियों के जन्म-मरण के बंधन से छुटकारा पा लेती है।

श्लोक : 22

अनन्याश्चिन्तयन्तो मां ये जनाः पर्युपासते।
तेषां नित्याभियुक्तानां योगक्षेमं वहाम्यहम्॥

अन्वय—

अनन्याः चिन्तयन्तः माम् ये जनाः पर्युपासते।
तेषाम् नित्य अभियुक्तानाम् योग क्षेमम् वहामि अहम्॥

अर्थ—जो व्यक्ति अनन्य भाव से मेरा चिंतन करते हुए मेरी भक्ति करते हैं, मैं भक्ति में लीन उन मनुष्यों की आवश्यकताएँ पूरी करता हूँ और उन (वस्तुओं) की रक्षा भी करता हूँ।

व्याख्या—प्रभु का भक्त हर पल भक्त होता है। वह जो भी कर्म कर रहा

होता है, प्रभु से अलग नहीं होता। हर समय उसके हृदय में, मन में मेरे निराकार रूप का चिंतन चलता रहता है।

वह अनन्य भाव से केवल मेरी ही उपासना करता है। किसी अन्य को मेरे समकक्ष नहीं रखता। केवल मेरी आराधना करता है, किसी अन्य की नहीं। ऐसे भक्त की हर आवश्यकता मैं पूरी करता हूँ। और फिर उसकी रक्षा भी करता हूँ। भाव जो सुख और खुशियाँ मैं अपने प्रिय भक्त को देता हूँ तो उन खुशियों से उनको अलग नहीं करता। वे सुख उनके साथ सदा रहें, इसकी रक्षा भी मैं ही करता हूँ।

यहाँ योगक्षेम का यही भाव है। योग का अर्थ है—परमात्मा से आत्मा का योग (जोड़)। जो प्रभु से नाता जोड़ लेते हैं, यह नाता सदा जुड़ा रहे इसी चेष्टा को क्षेम कहते हैं। श्रीकृष्ण कह रहे हैं कि परमात्मा से योग भी मैं ही करता हूँ और यह सदा जुड़ा रहे, इसके लिए यत्न भी मैं ही करता हूँ। भक्ति भी प्रभु कृपा से ही मिलती है, अपनी कोशिश से कोई भक्त नहीं बन सकता।

श्लोक : 23

येऽप्यन्यदेवता भक्ता यजन्ते श्रद्धयान्विता:।
तेऽपि मामेव कौन्तेय यजन्त्यविधिपूर्वकम्।

अन्वय—

ये अपि अन्य देवता भक्ता: यजन्ते श्रद्धया-अन्विता:।
ते अपि माम् एव कौन्तेय यजन्ति अविधि-पूर्वकम्॥

अर्थ—जो भी श्रद्धापूर्वक दूसरे देवताओं को पूजते हैं, हे अर्जुन! वे भी मुझको ही पूजते हैं, अविधिपूर्वक (त्रुटिपूर्ण ढंग से) पूजते हैं।

व्याख्या—श्रीकृष्णजी का कथन है कि जो लोग अन्य देवताओं की पूजा में लगे रहते हैं वास्तव में वे हृदय से प्रभु की ही उपासना कर रहे होते हैं। वे देवी-देवताओं की उपासना या पूजा को ही प्रभु भक्ति मानते हैं, परंतु श्रीकृष्ण इस तरह की पूजा को अविधिपूर्ण और त्रुटिपूर्ण बता रहे हैं।

प्रभु ही सर्वशक्तिमान, सर्वज्ञ है और देवताओं को शक्ति देनेवाला भी प्रभु परमात्मा ही है। देवी-देवताओं की अपनी कोई ताकत नहीं है। उनकी उपासना एक अप्रत्यक्ष पूजा है, जैसे कोई मनुष्य वृक्ष की जड़ों में पानी न डालकर उसकी पत्तियों और टहनियों पर पानी डालता है। ऐसा वह तभी करता है, जब उसे ज्ञान नहीं है कि वृक्ष की जड़ ही पूरे वृक्ष को हरा-भरा रखने में सक्षम है। उसे जड़ दिखाई नहीं देती, परंतु वृक्ष की शक्ति जड़ के कारण है। ठीक इसी प्रकार परमात्मा को जानकर,

इसका ज्ञान पाकर, इसकी भक्ति ही पूजा है, उपासना है। परमात्मा को जाने बिना किसी भी प्रकार की पूजा को श्रीकृष्णजी ने अविधिपूर्ण कहा है।

श्लोक : 24

अहं हि सर्वयज्ञानां भोक्ता च प्रभुखे च।
न तु मामभिजानन्ति तत्त्वेनातश्च्यवन्ति ते॥

अन्वय—

अहम् हि सर्वयज्ञानाम् भोक्ता च प्रभुः एव च।
न तु माम् अभिजानन्ति तत्त्वेन अतः च्यवन्ति ते॥

अर्थ—मैं ही सब यज्ञों का भोक्ता और स्वामी हूँ। अतः जो मेरे तत्त्व रूप को नहीं जानते, वे नीचे गिर जाते हैं।

व्याख्या—इस श्लोक में स्पष्ट किया है कि देवताओं को प्रसन्न करने के लिए कोई भी व्यक्ति किसी तरह का यज्ञ-पूजा इत्यादि करता है, उसका भोक्ता भी मैं ही हूँ, मैं ही परम-प्रभु हूँ, सबका स्वामी हूँ। अल्पज्ञानी लोग अन्य देवताओं को पूजते हैं, उनकी शक्ति मानते हैं, जबकि वास्तव में वह शक्ति देनेवाला मैं ही हूँ।

जो मेरे तत्त्व को (निराकार रूप को) नहीं जानते, उन्हें मेरा ज्ञान नहीं, मेरे रूप की ज़ानकारी नहीं, इसी से वे नीचे गिरते हैं, ऐसे मनुष्य जन्म पाकर भी इस जन्म को व्यर्थ गवाँ देते हैं। चौरासी लाख योनियों के बाद मनुष्य जीवित मिला है, इस जीवन में प्रभु परमात्मा की प्राप्ति करनी है, परंतु वे इस उद्देश्य की प्राप्ति की ओर अग्रसर नहीं होते और दुनियावी सुख-सुविधाओं की पूर्ति के लिए अन्य देवताओं की आराधना में लगे रहते हैं, फिर चौरासी लाख योनियों में आकर गिरते हैं।

श्लोक : 25

यान्ति देवव्रता देवान्पितृन्यान्ति पितृव्रताः।
भूतानि यान्ति भूतेज्या यान्ति मद्याजिनोऽपि माम्॥

अन्वय—

यान्ति देव-व्रता-देवान् पितृन् यान्ति पितृ-व्रताः।
भूतानि यान्ति भूत-इज्याः यान्ति मत् याजिनः अपि माम्॥

अर्थ—देवताओं को पूजनेवाले देवताओं को प्राप्त होते हैं, पितरों को पूजनेवाले पितरों को प्राप्त होते हैं। भूत (प्रेतों) को पूजनेवाले भूतों को प्राप्त होते हैं, लेकिन मुझे पूजनेवाले मुझे प्राप्त होते हैं।

व्याख्या—जिस मनुष्य की आस्था जहाँ होती है और वह जिसको मन में बसाकर उसी की पूजा-अर्चना में लगा रहता है, उसकी आत्मा शरीर त्यागने के बाद उसी को प्राप्त हो जाती है। यहाँ श्रीकृष्ण ने उदाहरण देकर कहा है कि जो देवताओं को पूजते हैं, उनकी आत्मा उन्हीं देवताओं को प्राप्त हो जाती है। जो अपने पितरों या भूत-प्रेतों की पूजा करते हैं, उनकी आत्मा उन्हीं के नियंत्रण में विचरती है और उनकी आत्मा को अपने मनमाने ढंग से व्यवहार में लाते हैं।

किंतु जो मेरी शरण में आते हैं, मेरी उपासना करते हैं, मुझे पूजते हैं, वे मेरे परायण होकर मेरी भक्ति करते हैं, मुझी को प्राप्त होते हैं, मुझे प्राप्त कर लेते हैं, जैसे मेरा जन्म-मरण नहीं होता, वैसे वे भी देह त्यागने के बाद मुझमें ही समा जाते हैं। जन्म-मरण से छूट जाते हैं और मोक्ष को प्राप्त करते हैं।

प्रभु के सिवाय देवी-देवता हैं या भूत-प्रेत या पितर सबके सब बंधन में हैं। केवल प्रभु बंधनों से मुक्त हैं। जो प्रभु से जुड़ जाते हैं, वे भी बंधनमुक्त हो जाते हैं। भाव प्रभु की पूजा, आराधना भक्ति में सर्वश्रेष्ठ भक्ति है।

श्लोक : 27

यत्करोषि यदश्नासि यज्जुहोषि ददासि यत्।
यत्तपस्यसि कौन्तेय तत्कुरुष्व मदर्पणम्॥

अन्वय—

यत् करोषि यत् अश्नासि यत् जुहोषि ददासि यत्।
यत् तपस्यसि कौन्तेय तत् कुरुष्व मत् अर्पणम्॥

अर्थ—हे कुंती पुत्र! तुम जो कुछ करते हो, जो कुछ खाते हो, जो अर्पित करते हो, जो दान देते हो, जो तप करते हो उसे मुझे अर्पित करो।

व्याख्या—इस श्लोक में भगवान् श्रीकृष्णजी ने मनुष्य को सचेत किया है कि मनुष्य जो भी कर्म करता है, परमात्मा की दी हुई शक्ति से ही कर पाता है। इस शरीर में परमात्मा का अंश ही चलने-फिरने की ताकत के रूप में काम कर रहा है। यह आत्मा जो परमात्मा का ही स्वरूप है, शरीर से निकल जाए तो जो शरीर कुछ पल पहले तक चलायमान था, निर्जीव हो जाता है। भाव यह कि कर्म करनेवाला यह शरीर नहीं, बल्कि इसके अंदर जो चेतन सत्ता है, यह काम करती है, लेकिन मनुष्य अपने आपको कर्ता समझ लेता है।

श्रीकृष्ण यह समझाने का प्रयास कर रहे हैं कि हर कर्म करते हुए यह एहसास बना रहे कि यह काम परमात्मा के द्वारा किया जा रहा है, फिर अपने कर्तापन होने

का अहंकार नहीं होता, जब मनुष्य का शरीर और इसके अंग कुछ कर ही नहीं सकते तो फिर अहंकार नहीं होता।

इसलिए तुम जो भी कर्म करते हो, खाते हो, तप करते हो, वह सब हर पल हृदय में मेरा स्मरण करके करोगे तो वह मुझे अर्पित हो जाता है।

श्लोक : 30 एवं 31

अपि चेत्सुदुराचारो भजते मामनन्यभाक्।
साधुरेव स मन्तव्यः सम्यग्व्यवसितो हि सः॥
क्षिप्रं भवति धर्मात्मा शश्वच्छान्तिं निगच्छति।
कौन्तेय प्रतिजानीहि न मे भक्तः प्रणश्यति॥

अन्वय—

अपि चेत् सु-दुराचारः भजते माम् अनन्य-भाक्।
साधुः एव सः मन्तव्यः सम्यक् व्यवसितः हि सः॥
क्षिप्रम् भवति धर्म-आत्मा शाश्वत्-शान्तिम् निगच्छति।
कौन्तेय प्रतिजानीहि न मे भक्तः प्रणश्यति॥

अर्थ—हे अर्जुन! यदि कोई दुराचारी अनन्य भाव से मेरी भक्ति करता है, वह दृढ़ संकल्पवाला निश्चय ही साधु मानने योग्य है।

वह तुरंत धर्मात्मा बन जाता है, स्थायी शांति को प्राप्त करता है। यह घोषणा कर दो कि मेरा भक्त नष्ट नहीं होता।

व्याख्या—मनुष्य के मन में यह संदेह बना रहता है कि मेरे तो कोई अच्छे कर्म हैं नहीं। प्रभु को तो वे ही प्राप्त कर सकते हैं, जो नेक कर्म, तप, यज्ञ इत्यादि करते हैं। यह भावना उसे प्रभु-प्राप्ति के लिए प्रयास ही नहीं करने देती।

भगवान् कृपानिधान, दयावान्, क्षमा करनेवाले हैं, अगर कोई दृढ़ निश्चय से, अनन्य भाव से भक्ति करता है, भाव यह कि प्रभु के बराबर अन्य किसी को नहीं मानता, वह जानता है परमात्मा के जैसा और कोई है ही नहीं। न कोई शक्तियाँ, न कोई देवी-देवता। वह अनन्य भाव से केवल एक प्रभु की ही भक्ति करता है, ऐसा भक्त प्रभु में ही समा जाता है और कभी नष्ट नहीं होता, ब्रह्म ही हो जाता है।

यहाँ श्रीकृष्णजी कह रहे हैं कि मेरा भक्त शीघ्र ही शांति को प्राप्त कर लेता है। जो भी प्रभु की शरण में आ जाता है चाहे वह पापी से भी अति पापी है, प्रभु उसे अपनी शरण में ले लेते हैं, जैसे गंदे से गंदा पानी भी जब गंगा में समा जाता है, वह भी गंगाजल ही कहलाता है।

श्लोक : 32

मां हि पार्थ व्यपापश्रित्य येऽपि स्युः पापयोनयः।
स्त्रियो वैश्यास्तथा शूद्रास्तेऽपि यान्ति परां गतिम्॥

अन्वय—

माम् हि पार्थ व्यपाश्रित्य ये अपि स्युः पाप-योनयः।
स्त्रियः वैश्याः तथा शूद्राः ते अपि यान्ति पराम् गतिम्॥

अर्थ—हे अर्जुन! जो मेरी शरण में आ जाता है, वह भले ही निम्न कुल का हो, स्त्री हो, व्यापारी हो, वह परमगति को (मोक्ष) प्राप्त होता है।

व्याख्या—30वें-31वें श्लोक में, जहाँ श्रीकृष्णजी बुरे कर्म करनेवालों को भी शरण में लेकर मुक्ति प्रदान करते हैं, वहीं इस श्लोक में भी उसी को दोहरा रहे हैं। जो मेरे परायण होकर मेरी शरण में आते हैं, चाहे उनका किसी कुल में जन्म हुआ हो, स्त्रियाँ हों, व्यापारी या कोई भी हो, मैं उन्हें जीवन मुक्त कर देता हूँ। भाव यह कि मोक्ष-प्राप्ति के लिए किसी खास कुल की या कोई खास पद्धति की आवश्यकता नहीं। जीव चाहे कैसा भी हो, प्रभु की शरण में आने से उसका तत्काल उद्धार हो जाता है।

कोई भी मनुष्य न तो जाति-कुल के कारण त्यागने योग्य है और न ही कर्मों के कारण। प्रभु के लिए हर मानव एक समान है। कहीं कोई भेदभाव नहीं। कोई अच्छा या बुरा नहीं। प्रभु की अनन्या भक्ति ही मोक्ष एवं मुक्ति-प्राप्ति का साधन है।

श्लोक : 34

मन्मना भव मद्भक्तों मद्याजी मां नमस्कुरु।
मामेवैष्यसि युक्त्वैवमात्मानं मत्परायणः॥

अन्वय—

मत्-मनाः भव मत् भक्तः मत् याजी माम् नमः कुरु।
माम् एव एष्यसि युक्त्वा एवम् आत्मानम् मत् परायणः॥

अर्थ—अपने मन को मेरे चिंतन में लगाओ, मेरे भक्त बनो, मेरी ही उपासना करो, मुझे नमस्कार करो। इस प्रकार मेरे परायण होकर तुम निश्चित रूप से मुझे ही प्राप्त करोगे।

व्याख्या—इस श्लोक में श्रीकृष्ण प्रभु-प्राप्ति का केवल एक ही मार्ग बता रहे हैं। मेरी ही पूजा करो, मुझे ही नमस्कार करो, मेरी ही भक्ति करो, मेरा ही चिंतन करो। परमात्मा को पाने का और कोई दूसरा मार्ग नहीं। प्रभु के सिवाय किसी अन्य की भक्ति मोक्ष-प्राप्ति का मार्ग नहीं है। प्रभु की शरण में आकर, परमात्मा को

जानकर, निरंतर परमात्मा में मन लगाकर जो इसका आधार ले लेते हैं, विचलित हुए बिना जो केवल परमात्मा का ही चिंतन करते हुए भक्ति करते हैं, वे मुक्ति को प्राप्त होते हैं।

इस नौंवे अध्याय में भगवान् श्रीकृष्ण ने इस बात पर जोर दिया है कि प्रभु के निराकार रूप को जानकर जीवन भी जहाँ सुख और शांति से बीतता है, वहाँ अपने निज घर को पाकर आत्मा भी शांति को प्राप्त होती है।

□

दसवाँ अध्याय

श्लोक : 2

न मे विदुः सुरगणाः प्रभवं न महर्षयः।
अहमादिर्हि देवानां महर्षीणां च सर्वशः॥

अन्वय—

न मे विदुः सुर-गणाः प्रभवम् न महा-ऋषयः।
अहम् आदिः हि देवानाम् महा-ऋषिणाम् च सर्वशः॥

अर्थ—न तो देवताओं के समूह, न महर्षिगण ही मेरे प्रभाव को जानते हैं। मैं ही सभी तरह से देवताओं और ऋषियों की उत्पति का कारण हूँ।

व्याख्या—परमात्मा के निराकार रूप का ज्ञान अगर कोई अपने जप, तप या शक्तियों से जानना चाहे तो श्रीकृष्ण ने कहा है कि देवता या ऋषि भी मुझे नहीं जान पाते। देवताओं या महर्षियों के पास जो शक्ति है, वह पूर्ण रूप में परमात्मा की दी हुई है। किसी भी युग में शक्तियों के बल पर या तप से कभी भी, किसी ने भी इस परम अस्तित्व को नहीं पाया, जब भी प्रभु की जानकारी मिली, सत्‌गुरु के द्वारा ही मिली जो सत्य को जानता है और प्रकट करके दिखा देता है। श्रीकृष्ण ने कहा कि हर युग में सदैव मैं ही ऋषियों और देवताओं को बनानेवाला हूँ। बड़े-बड़े ऋषियों और देवताओं ने चिंतन द्वारा प्रभु को जानने का प्रयास किया, जो कि संभव नहीं है।

श्लोक : 3

यो मामजमनादिं च वेत्ति लोकमहेश्वरम्।
असम्मूढ स मर्त्येषु सर्वपापैः प्रमुच्यते॥

अन्वय—

यः माम् अजम् अनादिम् च वेत्ति लोक महा-ईश्वरम्।
असम्मूढ सः मर्त्येषु सर्व-पापैः प्रमुच्यते॥

अर्थ—जो मुझे अजन्मा, अनादि, समस्त लोकों के स्वामी के रूप में जानता है, मृत्युलोक से केवल वही मोहरहित और समस्त पापों से मुक्त हो पाता है।

व्याख्या—इस श्लोक में श्रीकृष्ण बता रहे हैं कि जो मेरे इस अविनाशी रूप को जानता है कि मेरा निराकार रूप जन्म-मरण से रहित हैं। जो सारे लोकों का मालिक है और समस्त ब्रह्मांडों को चलानेवाला है, वह अपने निज घर को जान लेता है। वह मोहरहित होकर समस्त पापों से मुक्त हो जाता है और मृत्युलोक के भव-सागर से तर जाता है। यह आत्मा परमात्मा का अंश है, जो परमात्मा से अलग होकर बार-बार जन्म एवं मृत्यु को प्राप्त होती है, परंतु जब यह अपने मूल रूप निराकार परमात्मा को जान लेती है, फिर वह मोह में नहीं पड़ती, सारे पापों से मुक्त हो जाती है और मोक्ष को प्राप्त करती है। परमात्मा में विलीन हो जाती है, जैसे एक गिलास पानी समुद्र में डाल दें, वह भी समुद्र ही कहलाता है। इसी प्रकार यह आत्मा परमात्मा को पाकर उसी में समा जाती है। इसका पुनर्जन्म नहीं होता। वह सब बंधनों से मुक्त हो जाती है।

श्लोक : 7

एतां विभूतिं योगं च मम यो वेत्ति तत्त्वतः।
सोऽविकम्पेन योगेन युज्यते नात्र संशयः॥

अन्वय—

एताम् विभूतिम् योगम् च मम यो वेत्ति तत्त्वतः।
सः अविकम्पेन योगेन युज्यते नात्र संशयः॥

अर्थ—जो मेरी इन सारी विभूतियों को, योग तत्त्व को जानता है, वह निश्चित रूप से भक्ति में लगा रहता है, इसमें कोई संदेह नहीं।

व्याख्या—कण-कण में प्रभु समाया है, हर जगह व्याप्त है हर धर्म ग्रंथ में यह लिखा है पर इन व्यापक परमात्मा को हर कोई नहीं देख पाता है। जो पूर्ण सत्य को जाननेवाले पूर्ण सत्‌गुरु से ज्ञान की रोशनी ले लेता है, उसे दुनिया की हर वस्तु नजर आती है। परमात्मा प्रकट दिखाई नहीं देता।

भगवान् की जानकारी (भगवान् का ज्ञान) ही अध्यात्म की सबसे चरम

अवस्था है। जो व्यक्ति सत्गुरु के द्वारा इसे जान लेता है, वह हर पल कर्म करता हुआ परमात्मा की भक्ति में तल्लीन होता है। उसकी अनन्य भक्ति है, इसमें कोई संशय नहीं। वस्तुतः ज्ञाता और ज्ञेय का ऐक्य ही ज्ञान है।

श्लोक : 9

मच्चित्त मद्गतप्राणा बोधयन्तः परस्परम्।
कथयन्तश्च मां नित्यं तुष्यन्ति च रमन्ति च॥

अन्वय—

मत्-चित्ताः मत्-गत्-प्राणाः बोधयन्तः परस्परम्।
कथयन्तः च माम् नित्यम् तुष्यन्ति च रमन्ति च॥

अर्थ—मुझमें मन लगानेवाले, जीवन मुझमें अर्पित करनेवाले, एक-दूसरे को मेरा ज्ञान प्रदान करते हुए, निरंतर मेरे विषय में बात करते हुए परम संतोष और दिव्य आनंद का अनुभव करते हैं।

व्याख्या—यहाँ जिन शुद्ध भक्तों के लक्षण बताए हैं, उनके मन निरंतर प्रभु में लगे होते हैं। वे अपना जीवन प्रभु को ही समर्पित करते हुए बिताते हैं। वे जब भी किसी के साथ बातचीत करते हैं, केवल प्रभु के विषय में ही बात करना पसंद करते हैं। प्रभु भक्त आपस में एक-दूसरे के साथ ज्ञान की ही चर्चा में लगे रहते हैं। श्रीकृष्णजी इस श्लोक में कह रहे हैं कि वे शुद्ध भक्त हैं, जो प्रभु की बातों में ही आनंद महसूस करते हैं। रामचरितमानस में लिखा है—

"मात पिता सुत बांधवा, ये तो घर-घर होए"

भाव माता-पिता, पुत्र, रिश्तेदार हर घर में है, अगर आपस में सिर्फ उनके बारे में चर्चा करते हैं तो किसी को भी कोई लाभ नहीं पहुँचता, परंतु एक-दूसरे से प्रभु की चर्चा करने पर उस समय तो दिव्य आनंद की अनुभूति होती है, उसके बाद भी उस परम आनंद का एहसास बना रहता है। ऐसे भक्तों के लिए प्रभु ही सबकुछ हैं। कुछ ही भाग्यशाली होते हैं, जिन्हें यह भक्ति समझने का अवसर मिलता है। ऐसा भक्त एक क्षण भी परमेश्वर के बिना नहीं होता।

श्लोक : 10

तेषां सततयुक्तानां भजतां प्रीतिपूर्वकम्।
ददामि बुद्धियोगं तं येन मामुपयान्ति ते॥

अन्वय—

तेषाम् सतत-युक्तानाम् भजातम् प्रीति-पूर्वकम्।
ददामि बुद्धि-योगम् तम् येन माम् उपयान्ति ते॥

अर्थ—प्रेम भाव से सदैव भक्ति में युक्त भक्तों को मैं बुद्धि का योग देता हूँ, जिससे वे मुझको प्राप्त होते हैं।

व्याख्या—इस श्लोक में भगवान् श्रीकृष्ण बता रहे हैं कि जो भक्त हर समय प्रभु के रंग में रँगे होते हैं, उठते-बैठते, खाते-पीते हर समय उनका मन परमात्मा में ही लगा रहता है, ऐसे भक्तों को मैं परमात्मा के साथ जोड़ (योग) करा देता हूँ। उनको वैसी बुद्धि भी देता हूँ, अगर भक्त का झुकाव परमात्मा की तरफ होता है तो प्रभु भी उसके इस प्रयास को सफल बनाने में कई गुना साथ देते हैं, जिससे वे प्रभु को प्राप्त कर लेते हैं। भक्त केवल अपनी बुद्धि, अपनी भक्ति, अपने प्रयास से परमात्मा को नहीं पा सकता।

प्रभु का ज्ञान, प्रभु की जानकारी प्रभु-कृपा से ही संभव है। श्रीकृष्णजी ने कहा कि जिनका हृदय मेरे में लगा रहता है, जिन्हें जिज्ञासा होती है प्रभु को पाने की, उन्हें मैं ज्ञान देता हूँ, जिसके द्वारा वे मुझ तक आ सकते हैं। केवल चिंतन करने से परमसत्य को पाना असंभव है। मानसिक प्रयास से न तो इसे जाना जा सकता है, न ही प्राप्त किया जा सकता है।

श्लोक : 11

तेषामेवानुकम्पार्थमहमज्ञानजं तमः।
नाशयाम्यात्मभावस्थो ज्ञानदीपेन भास्वता॥

अन्वय—

तेषाम् एव अनुकम्पा-अर्थम् अहम् अज्ञान-जम् तमः।
नाशयामि आत्म-भाव स्थः ज्ञान दीपेन भास्वता॥

अर्थ—मैं ही उन पर विशेष कृपा करने के लिए अज्ञानता के अंधकार को दूर करता हूँ, उनके हृदय में ज्ञान के दीपक की रोशनी स्थित कर देता हूँ।

व्याख्या—अज्ञानता का अंधकार परमात्मा को जानकर, इसे प्राप्त करके ही दूर होता है। चाहे कोई अनेक वर्षों तक परमात्मा के नाम का चिंतन करता रहे, प्रभु विशेष कृपा करके अंधकार को दूर करके हृदय में ज्ञान का उजाला करते हैं।

परमात्मा की जानकारी सत्य, परमसत्ता को जाननेवाला गुरु ही देता है।

परमात्मा को न देख पाना ही अंधकार है और इसे देख पाना इसे प्राप्त करना ही रोशनी है। प्रभु को प्राप्त किए बिना भक्ति अधूरी है।

श्लोक : 14

सर्वमेतदृतं मन्ये यन्मां वदसि केशव।
न हि ते भगवन्व्यक्तिं विदुर्देवा न दानवाः॥

विग्रह, अन्वय—

सर्वम् एतत् ऋतम् मन्ये यत् माम् वदसि केशव।
न हि ते भगवन् व्यक्तिम् विदुः देवाः न दानवाः॥

अर्थ—हे केशव! यह सब जो मैंने कहा इसे सत्य मानता हूँ। हे भगवान्! आपके इस स्वरूप को न तो देवता न ही असुरगण जानते हैं।

व्याख्या—निराकार की व्याख्या सुनकर अर्जुन कह रहे हैं कि हे केशव! आपने जो भी मुझसे कहा मैं इसे सत्य मानता हूँ। आपके इस निराकार रूप को जानने का यत्न न तो देवता और न ही दानव करते हैं। भाव यह कि देवता अपनी शक्तियों को महत्त्व देते हैं और परमात्मा की प्राप्ति का यत्न ही नहीं करते। असुर या दानव भी अपनी मायावी शक्तियों के अहंकार में रहते हैं और परमात्मा के ज्ञान के प्रति कोई प्रयास नहीं करते।

इसी प्रकार नेक और पुण्य कर्म करनेवाले मानव भी अपने नेक कर्म को ही भक्ति समझते हैं। बुरे कर्म करनेवालों को उनके कर्म ही आगे कदम बढ़ाने नहीं देते।

देवता, दानव अथवा मानव अपने-अपने कर्मों के कारण परमात्मा की प्राप्ति का यत्न नहीं करते।

श्लोक : 20

अहमात्मा गुडाकेश सर्वभूताशयस्थितः।
अहमादिश्च मध्यं च भूतानामन्त एव च॥

अन्वय—

अहम् आत्मा गुडाकेश सर्व-भूत आशय-स्थितः।
अहम् आदिः मध्यम् च भूतानाम् अन्तः एव च॥

अर्थ—हे अर्जुन! मैं समस्त जीवों के भीतर स्थित परम आत्मा हूँ। मैं ही सबका आदि, मध्य और अंत हूँ।

व्याख्या—सारे ब्रह्मांडों में, चर और अचर में व्याप्त केवल परमात्मा ही है, जो भी जीव शरीर में आता है, उसके पहले जिस योनि में था, वह आदि था और अब जो है, वह मध्य है और क्या होना है? कहाँ जाना है? यह सब परमात्मा ही है। परमात्मा के सिवाय कुछ है ही नहीं।

आगे के 21वें श्लोक से लेकर 41वें श्लोक तक श्रीकृष्ण ने विस्तारपूर्वक यही बताया है कि सबकुछ मैं ही हूँ। मेरे सिवाय और कुछ है ही नहीं।

श्लोक : 42

अथवा बहुनैतेन किं ज्ञातेन तवार्जुन।
विष्टभ्याहमिदं कृत्स्नमेकांशेन स्थितो जगत्॥

अन्वय—

अथवा बहुना एतेन किम् ज्ञातेन तव अर्जुन।
विष्टभ्य अहम् इदम् कृत्स्नम् एक अंशने स्थित: जगत्॥

अर्थ—हे अर्जुन! अनेक जानने का तेरा क्या प्रयोजन है? मैं तो एक अंश मात्र से संपूर्ण ब्रह्मांड में व्याप्त होकर इसे धारण करता हूँ।

व्याख्या—श्रीकृष्ण अर्जुन को ब्रह्म का ज्ञान, परमात्मा की जानकारी देने से पहले बता रहे हैं कि जिससे यह सारा ब्रह्मांड व्याप्त है, यह एक अंशमात्र से मैं जब चाहे बना लेता हूँ। यही जानो कि मैं ही सबकुछ हूँ। मेरी जानकारी पूर्ण जानकारी है, मुझे जान लेने के बाद अन्य जानकारियों की क्या जरूरत?

जैसा कि पिछले श्लोकों में बताया कि हमें अपनी नजर से हर वस्तु हर तरह से अलग नजर आती है, परंतु चर और अचर हर वस्तु के अंदर परमात्मा ही हैं। परमात्मा के धारण करने से ही हर जीव वस्तु चलायमान या स्थित वस्तु व्यवस्थित है। एक परमात्मा को जान लेने से, देख लेने से और अन्य के बारे में जानने का कोई प्रयोजन नहीं रहता।

परमात्मा की जानकारी संपूर्ण जानकारी है। हर वस्तु परमात्मा के ही कारण अस्तित्व में है।

□

ग्यारहवाँ अध्याय

श्लोक : 3 एवं 4

एवमेतद्यथात्थ त्वमात्मानं परमेश्वर।
द्रष्टुमिच्छामि ते रूपमैश्वरं पुरुषोत्तम॥
मन्यसे यदि तच्छक्यं मया द्रष्टुमिति प्रभो।
योगेश्वर ततो मे त्वं दर्शयात्मानमव्ययम्॥

विग्रह, अन्वय—

एवम् एतत् यथा आत्य त्वम् आत्मानम् परम-ईश्वर।
द्रष्टुम इच्छामि ते रूपम् ऐश्वरम् पुरुष-उत्तम॥
मन्यसे यदि तत् शक्यम् मया द्रष्टुम इति प्रभो।
योगे ईश्वर ततः मे त्वम् दर्शय आत्मानम् अव्ययम्॥

अर्थ—हे परमेश्वर! हे योगेश्वर! यदि आप सोचते हैं कि मैं आपके विश्वरूप को देखने में समर्थ हूँ तो कृपा करके मुझे अपना असीम विश्वरूप दिखलाइए।

व्याख्या—श्रीकृष्ण ने अपने साकार रूप (शरीर रूप) का और अपने निर्गुण निराकार रूप का, जो कण-कण में विद्यमान है, इन दोनों रूपों का वर्णन किया तो अर्जुन ने कहा कि जैसा आपने कहा है, मैं आपको साकार रूप में देख रहा हूँ, अगर आप मुझे इस योग्य समझते हैं कि मैं आपके विराट् विश्वरूप निराकार रूप को देखूँ तो कृपा करके आप मुझे अपने दिव्य रूप के दर्शन कराइए। मैं इसको जानने की इच्छा करता हूँ। इसका बोध प्राप्त करना चाहता हूँ।

हर मानव की निराकार को पाने की, इसका ज्ञान प्राप्त करने की इच्छा होती है। प्रभु की स्तुति इसी उद्देश्य से करते हैं। जहाँ मन में इसकी प्राप्ति की जिज्ञासा है, वहाँ एक दुविधा भी है कि मैं इस रूप को देखने के योग्य हूँ भी या नहीं, इसीलिए अर्जुन पूछ रहे हैं कि अगर आप मुझे इस योग्य समझते हैं तो मुझ पर कृपा करें।

श्लोक : 8

न तु मां शक्यसे द्रष्टुमनेनैव स्वचक्षुषा।
दिव्यं ददामि ते चक्षुः पश्य मे योगमैश्वरम्॥

अन्वय—

न तु माम् शक्यसे द्रष्टुम् अनेन एव स्व-चक्षुषा।
दिव्यम् ददामि ते चक्षुः पश्य मे योगम्-ऐश्वरम्॥

अर्थ—तुम निश्चय ही अपनी इन आँखों से मुझको देखने में समर्थ नहीं हो। ईश्वर का योग करके देखने के लिए मैं तुम्हें दिव्यदृष्टि देता हूँ।

व्याख्या—ईश्वर के निराकार रूप को इन चर्मचक्षुओं से देख पाना संभव नहीं, ये आँखें नाशवान हैं और ये केवल नाशवान वस्तुएँ ही देख सकती हैं। अविनाशी परमात्मा को देखने के लिए आत्मज्ञान के उजाले द्वारा ही इसका बोध कर सकती है। यह ज्ञान की रोशनी सद्गुरु प्रदान करता है, जो आत्मा परमात्मा में योग करके, इससे जुड़कर आत्मिक आनंद पा लेती है।

श्लोक : 12

दिवि सूर्यसहस्रस्य भवेद्युगपदुत्थिता।
यदि भाः सदृशी सा स्याद्भासस्तस्य महात्मनः॥

विग्रह, अन्वय—

दिवि सूर्य सहस्रस्य भवेत् युगपत् उत्थिता।
यदि भाः सदृशी सा स्यात् भासः तस्य महात्मनः॥

अर्थ—यदि आकाश में हजारों सूर्य एक साथ उदय हों तो उनका प्रकाश परमात्मा (परम स्वामी) के तेज की शायद ही समता कर सके।

व्याख्या—परमात्मा का ज्ञान जब हो जाता है, तब माया और परमात्मा दोनों में स्पष्ट भेद नजर आने लगता है। जो-जो ये मायावी आँखें देखती हैं, वह सब माया है। जो विचार इस मन और बुद्धि में आते हैं, सबके सब माया है। जो-जो आत्मा महसूस करती है, वह परमात्मा है। कर्म-इंद्रियाँ और ज्ञान-इंद्रियाँ सब परमात्मा के एहसास के साथ अगर कर्म करती हैं तो प्रभु की रोशनी को पाकर यह आत्मा अंधकार से मुक्त हो जाती है।

परमात्मा के ज्ञान की रोशनी ऐसी है, जैसे चारों तरफ हजारों सूर्य एक साथ उदय हो जाएँ तो भी यह प्रकाश दिव्य प्रकाश के समक्ष कुछ भी नहीं। इस

अलौकिक प्रकाश से अर्जुन का रोम-रोम रोमांचित हो रहा है। यह प्रकाश हर युग में चाहे वह भक्त कबीर हों, मीराबाई हों, सबको यह ज्ञान का उजाला प्राप्त हुआ। गीता में श्रीकृष्ण ने कहा है कि यह ज्ञान हर युग में संभव है। दिव्य ज्ञान को पाकर आत्मा प्रकाशमय हो जाती है।

ज्ञान का उजाला पाकर आत्मा अपने को परमात्मा से अलग नहीं समझती। मन पर छाया हुआ अंधकार समाप्त हो जाता है। परमात्मा के सिवाय बाकी सब माया है, इसका भी ज्ञान हो जाता है। माया और माया को बनानेवाला (परमात्मा) दोनों में भेद मालूम हो जाता है।

श्लोक : 13

तत्रैकस्थं जगत्कृत्स्नं प्रविभक्तमनेकथा।
अपश्यद्देवदेवस्य शरीरे पाण्डवस्तदा॥

विग्रह, अन्वय—

तत्र एक-स्थम् जगत्-कृत्स्नम् प्रविभक्तम् अनेकधा।
अपश्यत् देव-देवस्य शरीरे पाण्डव: तदा॥

अर्थ—तब वहाँ अर्जुन ने भगवान् के विश्वरूप में एक ही स्थान में अनेक विभाजित संपूर्ण ब्रह्मांड को देखा।

व्याख्या—श्रीकृष्ण ने अर्जुन को दिव्यदृष्टि प्रदान की तो अर्जुन ने एक निराकार में संपूर्ण जगत् के अनेक ब्रह्मांडों को देखा। युद्धभूमि के अन्य लोग इसको नहीं देख पाए। प्रभु जिस पर कृपा करके ये ज्ञानचक्षु देते हैं, जानकारी देते हैं, वह ही इस विराट् प्रभु परमात्मा, जो कि सूक्ष्म से अति सूक्ष्म है, विराट् से अति विराट् है, इसके दर्शन कर पाता है। इसका न कोई आदि है, न कोई मध्य है और न ही अंत है।

जैसा कि शास्त्रों में लिखा है, अनेक लोक हैं, अनेक ब्रह्मांड है, ये सब इसी विराट् परमात्मा में समाए हुए हैं।

इस परमसत्ता को जानना ही ज्ञान है। हर युग में मनुष्य रूप में आकर अंधकार का परदा हटाकर भगवान् स्वयं उजाला देते हैं।

श्लोक : 18

त्वमक्षरं परमं वेदितव्यं त्वमस्य विश्वस्य परं निधानम्।
त्वमव्यय: शाश्वतधर्मगोप्ता सनातनस्त्वं पुरुषो मतो मे॥

अन्वय—

त्वम् अक्षरम् परमम् वेदितव्यम् त्वम् अस्य विश्वस्य परम् निधानम्।
त्वम् अव्ययः शाश्वत धर्म-गोप्ता सनातनः त्वम् पुरुषः मतः मे॥

अर्थ—आप परब्रह्म, अद्वितीय, परमश्रेष्ठ, जानने योग्य, हो। आप इस विश्व के परम आधार, सनातन, धारण करने योग्य, अनादि परमात्मा हो, ऐसा मेरा मत है।

व्याख्या—प्रभु निराकार है, जिसका न कोई रूप है, न रंग है, न आकार है। सर्वव्यापक परब्रह्म को ज्ञान की दृष्टि से देखने पर अर्जुन ने अपने हृदय के भाव को इस प्रकार प्रकट किया कि शरीर रूप में श्रीकृष्ण, जो मेरे सामने हैं, इनमें और इनके अद्वितीय, अनादि, सनातन, परमात्मतत्त्व रूप में कोई अंतर नहीं।

भगवान् अपने इस निराकार रूप की जानकारी देने के लिए मानव शरीर धारण करते हैं। अविनाशी ब्रह्म की जानकारी और किसी भी साधन से जानी नहीं जा सकती।

परमात्मा की जानकारी ही जानने योग्य है। इसी को जानने के लिए मनुष्य जनम मिला है। इसके आगे बाकी सब जानकारियाँ तुच्छ हैं। श्रीकृष्ण ने इसी जानकारी को सबसे उत्तम माना है। अर्जुन को अब यह ज्ञात हो गया है कि साकार श्रीकृष्ण और निराकार परमात्मा में कोई अंतर नहीं। दोनों एक ही हैं।

श्लोक : 19

अनादिमध्यान्तमनन्तवीर्यमनन्तबाहुं शशिसूर्यनेत्रम्।
पश्यामि त्वां दीप्तहुताशवक्त्रंस्वतेजसा विश्वमिदं तपन्तम्॥

अन्वय—

अनादि मध्य अन्तम् अनन्त-वीर्यम् अनन्त-बाहुम् शशि सूर्यनेत्रम्।
पश्यामि त्वाम् दीप्त हुताश-वस्त्रम् स्व-तेजसा विश्वम् इदम् तपन्तम्॥

अर्थ—आप आदि, मध्य, अंत से हैं; आपका यश अनंत है। आपकी असंख्य भुजाएँ हैं तथा सूर्य-चंद्रमा आपकी आँखें हैं। मैं आपके मुख से प्रज्वलित अग्नि निकलते हुए और आपके तेज से इस संपूर्ण ब्रह्मांड को जलते हुए देख रहा हूँ।

व्याख्या—प्रभु का विराट् रूप जिसका न आदि है, न मध्य है और न अंत है, इस अनंत सर्वव्यापी परमसत्ता को, जो गुरु द्वारा ज्ञान उजाला लेकर जान लेता है, उसे यह अति विशाल रूप में दिखता है। वह जान लेता है कि सूर्य, चाँद सब इसके अंदर एक बिंदु की अहमियत रखते हैं। परमात्मा की रोशनी, परमात्मा का तेज ही संपूर्ण ब्रह्मांड को दीप्तमान किए हुए हैं।

जिस परमात्मा के दर्शन करने का प्रयास ऋषि-मुनि तप इत्यादि से यत्न करके करते हैं, इसी विराट् के दर्शन अर्जुन ने भगवान् कृष्ण की कृपा से किए।

श्रीकृष्ण अर्जुन के बालपन से सखा, मित्र थे पर अर्जुन यह नहीं जानते थे कि यह साकार ही निराकार भी है। अर्जुन को तब समझ आया, जब श्रीकृष्ण ने एक इशारा किया कि यह देख मेरा विराट् रूप मैं केवल शरीर नहीं हूँ, मैं अविनाशी, असीम, निराकार रूप में सर्वत्र विराजमान हूँ, यही मेरा रूप देखने योग्य है, जिसे देखने के लिए देवी-देवता भी तरसते हैं। सभी जानकारियों से बड़ी जानकारी जिसे जानने के बाद कुछ भी और जानना बाकी नहीं रह जाता। सर्वोपरि जानकारी है भगवद्-प्राप्ति, यही मानव जीवन का लक्ष्य है।

श्लोक : 20

द्यावापृथिव्योरिदमन्तरं हि व्याप्तं त्वयैकेन दिशश्च सर्वाः।
दृष्टवाद्भुतं रूपमुग्रं तवेदं लोकत्रयं प्रव्यथितं महात्मन्॥

अन्वय—

द्यौ आ-पृथिव्योः इदम् अन्तरम् हि व्याप्तम् त्वया एकेन दिशः च सर्वाः।
दृष्टा अद्भुतम् रूपम् उग्रम् तव इदम् लोक त्रयम् प्रव्यथितम् महात्मन्॥

अर्थ—हे भगवान्! निश्चय ही आपके द्वारा यह आकाश, पृथ्वी तथा सब दिशाएँ व्याप्त है। आपके अपूर्व, उग्र एवं अद्भुत रूप देखकर तीनों लोक विचलित हैं।

व्याख्या—प्रभु परमात्मा को प्राप्त करके सत्य की जानकारी हो जाती है। यह अटूट सत्य है कि सारा जगत, अनेक ब्रह्मांड, तीनों लोक इसी एक परमात्मा की रचना हैं। इसी से सब उत्पन्न हुआ है और इसी में सब विलीन हो जाएगा। भाव परमात्मा एक है, यह ज्ञान अर्जुन को तब हुआ, जब उन्हें परमात्मा के दर्शन हुए।

परमात्मा को जानकार सारे भ्रम समाप्त हो जाते हैं।

श्लोक : 39

वायुर्यमोऽग्निर्वरुणः शशाङ्कः प्रजापतिस्त्वं प्रपितामहश्च।
नमो नमस्तेऽस्तु सहस्त्रकृत्वः पुनश्च भूयोऽपि नमो नमस्ते॥

अन्वय—

वायुः यमः अग्निः वरुणः शश-अङ्कः प्रजापतिः त्वम् प्र-पितामहः च।
नमः नमः ते अस्तु सहस्त्र-कृत्वः पुनः च भूयः अपि नमः नमः ते॥

अर्थ—आप वायु हैं, यम हैं, अग्नि हैं, जल हैं, चंद्रमा हैं। आप ब्रह्म हैं, प्रपितामह हैं। आपको मेरा बार-बार हजार बार मेरा नमस्कार है।

व्याख्या—अर्जुन को निराकार अविनाशी प्रभु की प्राप्ति हुई और इस अटूट सत्य की जानकारी हुई कि सबकुछ प्रभु ही हैं। जल, वायु, अग्नि, चंद्रमा, यम यहाँ तक कि ब्रह्मा, प्रपितामह सब आप ही हैं, इसलिए हे प्रभु! आपको बार-बार नमस्कार, हजारों बार नमस्कार। इस एक प्रभु को नमस्कार करके सबको नमस्कार हो जाता है, फिर और किसी भी नमस्कार की जरूरत नहीं रह जाती, क्योंकि सबकुछ तो प्रभु ही है।

श्लोक : 40

नमः पुरस्तादथ पृष्ठतस्ते नमोऽस्तुतेते सर्वत एव सर्व।
अनन्तवीर्यामितविक्रमस्त्वं सर्वं समाप्नोषि ततोऽसि सर्वः॥

अन्वय—

नमः पुरः तात् अथ पृष्ठतः ते नमः अस्तु ते सर्वतः एव सर्व।
अनन्त-वीर्य अमित-विक्रम त्वम् सर्वम् समाप्नोषि ततः असि सर्वः॥

अर्थ—आपको आगे-पीछे तथा चारों ओर से नमस्कार है। हे असीम शक्ति! आप अनंत पराक्रम के स्वामी हैं। आप सर्वव्यापी हैं, आप सबकुछ हैं।

व्याख्या—जब इस सर्वव्यापी परमात्मा के दर्शन हो जाते हैं, तब हर तरफ परमात्मा नजर आता है। एक पल के लिए भी आँखों से ओझल नहीं होता। कोई ऐसा स्थान नहीं, जहाँ वह विराजमान नहीं। अर्जुन उस क्षण साकार और निराकार दोनों रूपों का बार-बार नमस्कार कर रहे हैं और भाव-विभोर होकर आगे, पीछे, ऊपर, नीचे, चारों ओर हजारों नमस्कार कर रहे हैं। असीम शक्तिशाली, अनंत, पराक्रम के स्वामी, परमात्मा को बार-बार नमस्कार।

श्लोक : 45

अदृष्टपूर्वं हृषितोऽस्मि दृष्ट्वा भयेन च प्रव्यथितं मनो मे।
तदेव मे दर्शय देवरूपं प्रसीद देवेश जगन्निवास॥

अन्वय—

अदृष्ट-पूर्वम् हृषितः अस्मि दृष्ट्वा भवेन च प्रव्यथितम् मनः मे।
तत् एव मे दर्शय देव रूपम् प्रसीद देव-इश जगत-निवास॥

अर्थ—हे जगत् के आश्रय! हे देवों के देव! हे प्रभु! आप प्रसन्न होइए,

मुझसे पहले कभी नहीं देखा गया, निश्चय ही देखने योग्य आपका यह रूप देखकर हर्षित हूँ। मेरा मन भय के कारण विचलित भी है।

व्याख्या—जिस विराट् रूप की व्याख्या श्रीकृष्ण ने की है, उसे देखने के लिए अर्जुन व्याकुल हैं। कह रहे हैं कि हे प्रभु! आप प्रसन्न होइए और जो निराकार अविनाशी, सर्वव्यापी, सर्वशक्तिमान रूप मैंने पहले कभी नहीं देखा और ये देखने योग्य हैं, देखा जा सकता है, मुझे इसके दर्शन कराइए।

वह हर्षित भी हो रहे हैं कि वह भाग्यशाली है, जो परमात्मा के इस रूप के दर्शन कर रहे हैं। अर्जुन अत्यंत प्रसन्न है कि भगवान् श्रीकृष्ण उनके मित्र हैं और अपना विराट् रूप प्रदर्शित करके उन्हें कृतार्थ कर रहे हैं। परमात्मा को सदा अपने अति समीप पाने के खयाल से वह भय से विचलित भी हैं। असमंजस में है कि निराकार रूप के दर्शन होंगे तो मेरी क्या अवस्था होगी!

श्लोक : 48

न वेदयज्ञाध्ययनैर्न दानैर्न च क्रियाभिर्न तपोभिरुग्रैः।
एवरूपः शक्य अहं नृलोके द्रष्टुं त्वदन्येन कुरुप्रवीर॥

विग्रह, अन्वय—

न वेद-यज्ञ अध्ययनै, न दानैः न च क्रियाभिः न तपोभिः उग्रैः।
एवम्-रूपः शक्यः अहम् नृ-लोके द्रष्टुम त्वत् अन्येन कुरु-प्रवीर॥

अर्थ—हे कुरुश्रेष्ठ! मेरे इस विराट् रूप के दर्शन न कोई वेद के अध्ययन से, न यज्ञ, दान, पुण्य, कठोर तपस्या आदि के द्वारा कर सका है। इस भौतिक जगत् में केवल तुमने इसके दर्शन किए हैं।

व्याख्या—यहाँ श्रीकृष्णजी ने स्पष्ट कर दिया है कि भौतिक जगत् में परमात्मा का दर्शन दुर्लभ तो है, परंतु इस सत्य को जाननेवाला इसकी जानकारी दे सकता है, अगर सद्गुरु से यह नजर मिल जाए तो प्रभु परमात्मा के दर्शन हो सकते हैं, जैसा कि श्रीकृष्णजी ने अर्जुन को दर्शन कराए, इसी युग में मीराजी को गुरु रविदास से और कबीर को गुरु रामानंद से दर्शन प्राप्त हुए।

प्रभु के दर्शन अपने नेक कर्मों से पुण्यदान करके, घोर तप करके अथवा वेदों के अध्ययन से नहीं हो सकते। ये जब भी दर्शन हुए, जिसे भी दर्शन हुए, गुरु-कृपा से ही संभव हुए। सत्गुरु के पास यह ज्ञान की रोशनी होती है, जो वह शिष्य को दे सकता है। इस रोशनी को पाकर मनुष्य बार-बार जन्म लेने से मुक्त हो जाता है। देह छोड़ने के बाद परमात्मा में विलीन हो जाता है, मोक्ष को प्राप्त होता है।

श्लोक : 52

सुदुर्दर्शमिदं रूपं दृष्टवानसि यन्मम।
देवा अप्यस्य रूपस्य नित्यं दर्शनकाङ्क्षिणः॥

विग्रह, अन्वय—

सु-दुर्दर्शम् इदम् रूपम् दृष्टवान असि यत् मम।
देवाः अपि अस्य रूपस्य नित्यम् दर्शन-काङ्क्षिणः॥

अर्थ—(हे कुरुश्रेष्ठ) मेरे इस दुर्लभ दर्शन मिलनेवाले रूप को तुमने देखा। इस रूप के दर्शन की कामना सदा देवता भी करते हैं।

व्याख्या—श्रीकृष्ण द्वारा निराकार, अविनाशी, सर्वव्यापी, विराट् रूप के दर्शन के पश्चात्, ज्ञान, उजाला देने के बाद उन्होंने अर्जुन को कहा कि जो यह मेरा रूप तुमने देखा है, इसके दर्शन बड़े दुर्लभ हैं। भाव प्रभु की भक्ति हर प्राणी करता है पर इसके दर्शन पाने की जिज्ञासा किसी-किसी में होती है। ज्यादातर मनुष्य यही मानकर चलते हैं कि इसके तो दर्शन किए ही नहीं जा सकते। जिस पर प्रभु कृपा कर देते हैं, उसके लिए ये रोशनी प्रकट कर देते हैं।

इस तत्त्वरूप के दर्शन की कामना देवता भी करते हैं। इसके दर्शन मनुष्य योनि में ही संभव हैं, ऐसा भाग्यशाली कोई-कोई होता है, जिसे गुरु द्वारा इस तत्त्वरूप को देखने की दृष्टि प्राप्त होती है। वह इस अनमोल दान को प्राप्त कर लेता है।

श्लोक : 53

नाहं वेदैर्न तपसा न दानेन न चेज्यया:।
शक्य एवंविधो द्रष्टुं दृष्टवानसि मां यथा॥

अन्वय—

न अहम् वेदैः न तपसा न दानेन न च इज्जया।
शक्यः एवम्-विद्यः द्रष्टुम दृष्टवान् असि माम् यथा॥

अर्थ—न मैं वेदों के अध्ययन से, न तप से, न दान से, न पूजा-यज्ञ आदि से जाना जा सकता हूँ। देख पाना, जानना उसी प्रकार संभव है, जिस प्रकार मुझको देखनेवाले ने देखा है।

व्याख्या—परमात्मा का ज्ञान वेदों के अध्ययन से, तप से, दान से, यज्ञ-पूजा इत्यादि से नहीं पाया जा सकता। 11वें अध्याय के 48वें श्लोक में भी यही बताया गया है। इस श्लोक में फिर दोहरा रहे हैं, परमात्मा की प्राप्ति इन सबसे संभव नहीं है। कई इसका ज्ञान पाने के लिए जंगलों में कठिन तप करते हैं, पहाड़ों पर निवास

करते हैं, अपनी काया को कष्ट देते हैं। शायद इस विधि से परमात्मा मिल जाएँ। कई यज्ञ का आयोजन करके या सबकुछ दान करके इसकी प्राप्ति का यत्न करते हैं। इन साधनों से कभी भी किसी को परमात्मा की प्राप्ति नहीं हुई।

जब भी परमात्मा की अनुभूति हुई, सत्य को जाननेवाले से, परमात्मा को जाननेवाले से हुई। 'रामचरितमानस' में लिखा है—

सोइ जानहि जेहि देउ जनाई।
जानत तुम्हहिं तुम्हइ होइ जाई।।

वह जानता है, जिसे परमात्मा जना देता है, तुम्हें जानने के बाद वह भी तुम ही हो जाता है।

श्लोक : 54

भक्त्या त्वनन्यया शक्य: अहमेवंविधोऽर्जुन।
ज्ञातुं द्रष्टु च तत्त्वेन प्रवेष्टु च परन्तप॥

अन्वय—

भक्त्या तु अनन्यया शक्य: अहम् एवम्-विद्य: अर्जुन।
ज्ञातुम द्रष्टुम च तत्त्विन प्रवेष्टुम् च परन्तप॥

अर्थ—हे अर्जुन! मैं इस प्रकार देखकर-जानकर अनन्य भक्ति द्वारा तत्त्व में प्रवेश करने में संभव हूँ।

व्याख्या—श्रीकृष्णजी ने अर्जुन को ज्ञान देकर, विराट् रूप दिखाकर, फिर भक्ति करने का मार्ग बताया कि मेरे इस तत्त्वरूप में प्रवेश करने के लिए इसे देखकर, जानकर जो अनन्य भक्ति करता है, वह मुझे प्राप्त करता है। मुझमें प्रवेश करता है।

अनन्य भक्ति का भाव है कि और किसी अन्य की भक्ति छोड़कर केवल एक परमात्मा की भक्ति, ऐसी भक्ति पर मनुष्य देह त्यागने के बाद परमात्म तत्त्व में प्रवेश करता है। वह जन्म-मरण के बंधन से मुक्त हो जाता है, मोक्ष प्राप्त करता है। यह मुक्ति परमात्मा को प्राप्त करके ही मिलती है, अगर देह में रहते हुए परमात्मा को नहीं जाना तो यह आत्मा बार-बार जन्म लेती है।

परमात्मा को जानकर हर क्षण इसके साथ जुड़े रहना, इसी भक्ति को श्रेष्ठ भक्ति कहा गया है। जो भक्त ऐसी भक्ति करता है, वह परमात्मा को प्राप्त करता है। वह प्रभु परमात्मा में प्रवेश करने में समर्थ है।

श्लोक : 55

मत्कर्मकृन्मत्परमो मद्भक्तः सङ्गवर्जितः।
निर्वैरः सर्वभूतेषु यः स मामेति पाण्डव॥

अन्वय—

मत्-कर्म-कृत् मत्-परमः मत्-भक्तः सङ्ग-वर्जितः।
निर्वैरः सर्व-भूतेषु यः सः माम् एति पाण्डव॥

अर्थ—हे अर्जुन! जो मेरा कर्म करने में लीन, मेरी भक्ति में रत, मुझको श्रेष्ठ मानते हुए, आसक्तिरहित, सब जीवों में मुझको देखता हुआ, निर्वैर है, वह मुझको प्राप्त होता है।

व्याख्या—जो भक्त परमात्मा को जानकर जीवन जीता है। परमतत्त्व की प्राप्ति करके वह स्वाभाविक ही सब जीवों में प्रभु का अंश ही देखता है। वह किसी से भी बैर नहीं रखता। वह अपने किए हुए हर कर्म को मेरे द्वारा किया गया कर्म ही मानता है। अपने आपको कर्ता न मानकर यह मानता है कि सबकुछ प्रभु करनेवाले हैं।

वह हर पल मेरी भक्ति में लीन रहकर आसक्त होकर (मेरा तो कुछ है ही नहीं, सबकुछ प्रभु का है) जीवन जीता है, वह मुझे ही सबसे श्रेष्ठ मानता है, अनन्य भक्ति करता हुआ मुझको ही प्राप्त होता है, अर्थात् मोक्ष को प्राप्त करता है। उसका जीवन सफल हो जाता है, जो प्रभु को जानकर जीवन जीता है। उसका हर कर्म स्वयं ही भक्ति भरा हो जाता है।

□

बारहवाँ अध्याय

श्लोक : 3 एवं 4

ये त्वक्षरमनिर्देश्यमव्यक्तं पर्युपासते।
सर्वत्रगमचिन्त्यं च कूटस्थमचलं ध्रुवम्॥
सन्नियम्येन्द्रियग्रामं सर्वत्र समबुद्धयः।
ते प्राप्नुवन्ति मामेव सर्वभूतहिते रताः॥

विग्रह, अन्वय—

ये तु अक्षरम् अनिर्देश्यम् अव्यक्तम् पर्युपासते।
सर्वत्र-गम् अचिन्त्यम् च कूटस्थम् अचलम् ध्रुवम्॥
सन्नियम्य इन्द्रिय-ग्रामम् सर्वत्र सम-बुद्धयः।
ते प्राप्नुवन्ति माम् एव सर्व-भूत-हिते रताः॥

अर्थ—लेकिन जो सर्वव्यापी, अकल्पनीय, अव्यक्त, अपरिवर्तनीय, अचल, ध्रुव, इंद्रियों से परे निराकार को प्राप्त करते हैं, सब इंद्रियों को वश में करके मेरी उपासना करते हैं, वे निश्चय ही सभी स्थानों में समदर्शी, सब जीवों के कल्याण के लिए संलग्न रहते हैं।

व्याख्या—इस निराकार परमात्मा के गुणों की व्याख्या करते हुए श्री कृष्णजी बता रहे हैं कि यह परमात्मा हर जगह विद्यमान है। इसे हम कण-कण में पत्ते-पत्ते में व्याप्त कहते हैं। परमात्मा के बिना कोई स्थान खाली नहीं। परमात्मा कल्पना से परे विशाल से अति विशाल है। यह अव्यक्त है, इसे इन आँखों से कोई नहीं देख सकता। उसमें कोई परिवर्तन नहीं होता। सदा एक-सा रहता है। ऐसे अटल, अडोल निराकार को कोई इंद्रियों के कर्म करके प्राप्त नहीं कर सकता। जो इंद्रियों से परे मुझे जानकर मेरी भक्ति करते हैं, वे हर स्थान पर सब जीवों में मेरा ही रूप देखते हैं और सबके कल्याण में संलग्न रहते हैं। वे समदर्शी होते हैं, भाव यह कि उन्हें सबमें

परमात्म भाव नजर आता है, भेदभाव नहीं रहता।

परमात्मा का अंश हर एक जीव में विद्यमान है, परंतु यह तब तक नजर नहीं आता, जब तक मनुष्य को परमात्मा का बोध नहीं हो जाता, ज्ञान नहीं हो जाता।

श्लोक : 6 एवं 7

ये तु सर्वाणि कर्माणि मयि सन्न्यस्य मत्पराः।
अनन्येनैव योगेन मां ध्यायन्त उपासते॥
तेषामहं समुद्धर्ता मृत्युसंसारसागरात्।
भवामि नचिरात्पार्थ मय्यावेशितचेतसाम्॥

विग्रह, अन्वय—

ये तु सर्वाणि कर्माणि मयि सन्न्यस्य मत-पराः।
अनन्येन एव योगेन माम् ध्यायन्तः उपासते॥
तेषाम् अहम् समुद्धर्ता मृत्यु संसार सागरात्।
भवामि न चिरात् पार्थ मयि आवेशित चेतसाम्॥

अर्थ—हे अर्जुन! जो सब कर्मों को मुझे अर्पित करके मेरे परायण होकर अनन्य भाव से जुड़कर मेरी उपासना करते हैं, मैं उन स्थिर मनवालों का दीर्घकाल के बाद मृत्युमय संसार से उद्धार करता हूँ।

व्याख्या—इस श्लोक में स्पष्ट किया गया है कि दीर्घकाल के बाद अनगिनत जन्मों के बाद यह आत्मा मृत्युलोक में मनुष्य के रूप में आती है। ग्यारहवें अध्याय में अर्जुन को ज्ञान दिया। ज्ञान उजाला पाकर प्रभु के परायण होकर कर्म करते हुए जीवन जीने की प्रेरणा दी।

परमात्मा का ज्ञान प्राप्त करके मनुष्य को यह ज्ञात हो जाता है कि सबकुछ करनेवाला परमात्मा ही है। वह इस शरीर को चलानेवाला है। भक्त हर कर्म में भक्ति भाव से जुड़कर प्रभु के परायण होकर करता है। यहाँ यह भी स्पष्ट कहा गया है कि वह भक्त अत्यंत भाग्यशाली है, जिसका भगवान् भव-सागर से उद्धार करते हैं। भक्ति करने पर मनुष्य को यह अनुभूति होने लगती है कि ईश्वर महान् है और यह जीवात्मा इसके अधीन कर्म करती है।

श्लोक : 8

मय्येव मन आधत्स्व मयि बुद्धिं निवेशय।
निवसिष्यसि मय्येव अत उर्ध्वं न संशयः॥

अन्वय—

मयि एव मनः आधतस्व मयि बुद्धिम् निवेशय।
निवसिष्यसि मयि एव अतःऊर्ध्वम् न संशयः॥

अर्थ—मुझमें मन को स्थिर करो, मुझमें बुद्धि को लगाओ। निस्संदेह, इस प्रकार तुम सदा मुझमें निवास करोगे।

व्याख्या—जिसका चित्त परमात्मा में जुड़ा है, बुद्धि परमात्मा में लीन है, वह परमात्मा में ही सदा बास करता है। इसमें कोई संदेह नहीं। इस श्लोक में श्रीकृष्णजी संदेश दे रहे हैं कि जिसका हर पल हर कर्म मेरे से जुड़ा रहता है, यह समझो कि मेरे में ही रहता है। परमात्मा में जुड़े रहने के लिए परमात्मा को जानना, इसका ज्ञान प्राप्त करना जरूरी है। बिना इसे जाने इस प्रभु से जुड़ाव संभव नहीं।

परमात्मा को देख लेने के बाद बुद्धि अपने आप इसमें लग जाती है एवं मनुष्य प्रभुमय हो जाता है। वह जो भी कर्म करता है, खाता है, पीता है, उठता है, उसकी इंद्रियाँ हर कर्म प्रभु के अधीन कर्म कर रही होती हैं। इस अवस्था को एक श्लोक में श्रीकृष्णजी ने स्थितप्रज्ञ कहा है, जिसका विश्वास, जिसकी प्रज्ञा केवल एक प्रभु पर है कि प्रभु ही हर पल चलानेवाला आधार है। वह प्रभु का प्रिय भक्त है।

श्लोक : 9

अथ चित्तं समाधातुं न शक्नोषि मयि स्थिरम्।
अभ्यासयोगेन ततो मामिच्छाप्तुं धनञ्जय॥

अन्वय—

अथ चित्तम् समाधातुम् न शक्नोषि मयि स्थिरम्।
अभ्यास-योगेन ततः माम् इच्छ आप्तुम् धनम्-जय॥

अर्थ—हे अर्जुन! यदि तुम अपने मन को स्थिर करने में समर्थ नहीं हो तो भक्ति के योग से मुझ परमात्मा की प्राप्ति की इच्छा उत्पन्न करो।

व्याख्या—मनुष्य अपने मन को स्थिर रख पाने में समर्थ नहीं हो तो उसके लिए भक्ति ही एकमात्र साधन है और भक्ति के लिए परमात्मा की प्राप्ति, परमात्मा को जानना जरूरी है।

बिना परमात्मा को जाने भक्ति संभव नहीं और भक्ति के बिना मन को स्थिर रख पाना संभव नहीं। इंद्रियाँ जो भी कर्म करती हैं और मन दुविधा में होता है तो स्थिरता नहीं आ सकती, परंतु इसके विपरीत जहाँ ये इंद्रियाँ भक्ति में रत हैं, वहाँ कर्म में स्थिरता आ जाती है। जिज्ञासा श्रीकृष्णजी यहाँ अपने मन के भीतर परमात्मा

की प्राप्ति को उत्पन्न करने जीवन का मूल उद्देश्य प्रभु को प्राप्त करना है, यही श्रीमद्‌भगवद्‌गीता का संदेश है।

श्लोक : 20

ये तु धर्मामृतमिदं यथोक्तं पर्युपासते।
श्रद्दधानां मत्परमा भक्तास्तेऽतीव मे प्रिया: ॥

अन्वय—

ये तु धर्म अमृतम् इदम् यथा उक्तम् पर्युपासते।
श्रद्धाना: मत-परमा: भक्ता: ते अतीव मे प्रिया: ॥

अर्थ—जो इस धर्मरूपी अमृत को जैसा कहा गया है मुझ परमेश्वर को सबकुछ मानते हुए श्रद्धा के साथ पूर्णतया तत्पर रहते हैं, वे भक्तजन मेरे अत्यधिक प्रिय हैं।

व्याख्या—इस श्लोक में यह स्पष्ट किया है कि जो परमात्मा को पूर्ण श्रद्धा के साथ जानकर इस अमृत रस को पी लेते हैं, ज्ञान प्राप्त कर लेते हैं प्रभु को पाकर, फिर प्रभु को ही सबकुछ मानते हैं। प्रभु के सिवाय किसी अन्य का उनके जीवन में उनकी भक्ति में कोई स्थान नहीं है। वे ही भक्त प्रभु को अति प्रिय होते हैं।

जो प्रभु की अनन्य भक्ति करते हैं, वे प्रभु को प्रिय हैं।

□

तेरहवाँ अध्याय

श्लोक : 3

क्षेत्रज्ञं चापि मां विद्धि सर्वक्षेत्रेषु भारत।
क्षेत्रक्षेत्रज्ञयोर्ज्ञानं यत्तज्ज्ञानं मतं मम॥

अन्वय—

क्षेत्र-ज्ञम् च अपि माम् विद्धि सर्व क्षेत्रेषु भारत।
क्षेत्र क्षेत्र-ज्ञयो: ज्ञानम् यत् तत् ज्ञानम् मतम् मम॥

अर्थ—हे अर्जुन! क्षेत्र का ज्ञाता निश्चय ही मुझे ही जानो। समस्त (शरीर रूपी) क्षेत्र और उसके ज्ञाता को जान लेना ही ज्ञान है, ऐसा मेरा मत है।

व्याख्या—इस श्लोक में ज्ञान की परिभाषा बताई गई है कि ज्ञान क्या है। यह जानना कि शरीर को बनानेवाला कौन है और इसमें प्राण डालकर इसे चलानेवाला कौन है। इस प्रभु के दर्शन करना ही ज्ञान है। इससे अलग जो भी जानकारी है, वह अज्ञान कहलाती है। निराकार परमात्मा सारी सृष्टि का रचयिता भी है और हर कर्म क्षेत्र का ज्ञाता भी है।

शरीर के हर कर्म में परमात्मा के अंश के रूप में परमात्मा ही विद्यमान रहता है और हर कर्म इंद्रियों द्वारा करवाता है। जो यह जान लेता है कि कार्य करनेवाला शरीर नहीं है, इसके अंदर चेतन सत्ता कार्य करती है। शरीर से यह चेत्तन सत्ता निकल जाए तो शरीर निष्प्राण हो जाता है। श्रीकृष्णजी कह रहे हैं, मुझे जान लेना, वही ज्ञान कहलाता है। परमात्मा ही मनुष्य शरीर में आकर दुनिया को ये ज्ञान देते हैं।

श्लोक : 11

अध्यात्मज्ञाननित्यत्वं तत्त्वज्ञानार्थदर्शनम्।
एतज्ज्ञानमिति प्रोक्तमज्ञानं यदतोऽन्यथा॥

अन्वय—

अध्यात्म ज्ञान नित्यत्वम् तत्त्वज्ञान अर्थ दर्शनम्।
एतत् ज्ञानम् इति प्रोक्तम् अज्ञानम् यत् अतः अन्यथा॥

अर्थ—आत्म साक्षात्कार के लिए शाश्वत तत्त्व ज्ञान का दर्शन ही ज्ञान है, इस प्रकार जो इससे अन्य है, सब अज्ञान है।

व्याख्या—ज्ञान और अज्ञान में क्या अंतर है? जानकारी कोई भी है, उसे ज्ञान का नाम दे दिया जाता है। इस श्लोक में श्रीकृष्णजी ज्ञान का सही रूप बता रहे हैं कि परमात्मा के तत्त्वरूप की जानकारी हो जाना ही ज्ञान है। परमात्मा के निराकार निर्गुण सर्वव्यापी रूप के दर्शन करने पर यह आत्म, जो कि निराकार परमात्मा का अंश है और निर्गुण है, परमात्मा का ही रूप है, इसकी भी जानकारी हो जाती है, तब आत्म-साक्षात्कार हो जाता है। इस सत्य को जानकार चित्त (हृदय) आनंद का हर पल अनुभव करता है। इस सत्यचित्त आनंद (सच्चिदानंद) की अवस्था को ही ज्ञान कहते हैं।

परमात्मा के दर्शन आत्मा द्वारा ही हो सकते हैं। चर्मचक्षु आँखें विनाश को प्राप्त हो जानेवाली हैं और आँखें विनाशकारी वस्तुओं को ही देख पाती हैं। अविनाशी के दर्शन कभी नाश न होनेवाली आत्मा ही कर सकती है।

इस परमतत्त्व के ज्ञान के विपरीत बड़ी से बड़ी जानकारी भी अज्ञान कहलाती है। केवल परमात्मा को पाना ही ज्ञान है। यही अध्यात्म में भी लिखा गया है।

श्लोक : 13 एवं 14

सर्वतः पाणिपादं तत्सर्वतोऽक्षिशिरोमुखम्।
सर्वतः श्रुतिमल्लोके सर्वमावृत्य तिष्ठति॥
सर्वेन्द्रियगुणाभासं सर्वेन्द्रियविवर्जितम्।
असक्तं सर्वभृच्चैव निर्गुणं गुणभोक्तृ च॥

अन्वय—

सर्वतः पाणि पादम् तत् सर्वतः अक्षि शिरः मुखम्।
सर्वतः श्रुति-मत् लोके सर्वम् आवृत्य तिष्ठति॥
सर्व इन्द्रिय गुण आभासम् सर्व इन्द्रिय विवर्जितम्।
असक्तम् सर्वभूत च एव निर्गुणम् गुण-भोक्तृ च॥

अर्थ—यह (परमात्मा) सर्वत्र हाथ-पैर, सर्वत्र मुँह-आँखें-सिर, सर्वत्र कानों से युक्त संसार में हर वस्तु व्याप्त करके अवस्थित है।

समस्त इंद्रियों के गुणों का मूल स्रोत प्रत्येक का पालन करनेवाला भी, समस्त गुणों का स्वामी भी निश्चय ही अनासक्त, इंद्रियों से विहीन निर्गुण है।

व्याख्या—परमात्मा सर्वव्यापक है, हर स्थान पर विद्यमान है। छोटी-सी चींटी से लेकर बड़े-से-बड़े जीव में यह चेत्तन सत्ता सारे तत्त्वों को चलायमान रखती है। हर जीव के हाथ, पैर, कान व मुँह सब इसकी दी हुई शक्ति से चलते हैं। इसके न दिखाई देनेवाले हाथ, पाँव, सिर, मुँह तथा कान सर्वत्र हैं। सारी इंद्रियाँ इसकी दी हुई शक्ति से चलती हैं। परमात्मा समस्त गुणों का मालिक होकर भी निर्गुण है।

निश्चय ही परमात्मा इंद्रियों से विहीन है, इसके कार्य दिखाई नहीं देते। इंद्रियों के गुण भी नजर नहीं आते, परंतु समस्त इंद्रियों के गुण परमात्मा की दी हुई शक्ति से चलते हैं। कान सुनते हैं तो परमात्मा की शक्ति से, आँख, हाथ और पैर सब अपने-अपने गुणों के अनुसार कार्य कर रहे हैं तो परमात्मा की शक्ति से। वेद में वर्णित है कि परमात्मा की आँखें नहीं हैं, परंतु हर आँख इसकी दी हुई ताकत से देखती है।

परमात्मा के कान-हाथ जैसी इंद्रियाँ नहीं हैं, परंतु हर जीव को सुनने की, चलने की ताकत परमात्मा की दी हुई है। परमात्मा की दी हुई ताकत से इंद्रियाँ कार्य करती हैं। परमात्मा की शक्ति अगर निकाल दें तो वही अंग निर्जीव हो जाते हैं, कुछ कर्म नहीं कर पाते।

भाव यही है कि परमात्मा के हाथ, पैर, कान और मुँह सर्वत्र हैं। परमात्मा हर चीज को सर्वत्र देख-सुन रहा है। यह केवल ज्ञान की दृष्टि से ही जाना जा सकता है, महसूस किया जा सकता है।

श्लोक : 16

बहिरन्तश्च भूतानामचरं चरमेव च।
सूक्ष्मत्वात्तदविज्ञेयं दूरस्थं चान्तिके च तत्॥

अन्वय—

बहि: अन्त: च भूतानाम् अचरम् चरम् एव च।
सूक्ष्मत्वात् तत् अविज्ञेयम् दूर-स्थम् च आन्तिके च तत्॥

अर्थ—चर और अचर जीवों के बाहर भी और भीतर भी, पास भी और दूर भी है (परमात्मा) तथा सूक्ष्म होने के कारण (भौतिक इंद्रियों से) देखने से परे है।

व्याख्या—परमात्मा विराट् से अति विराट् है। इसका न कोई आदि है, न अंत है। इस अंतहीन प्रभु परमात्मा को इन भौतिक आँखों द्वारा देखा जाना संभव नहीं।

यह हमारे शरीर के हर अंग को स्पर्श कर रहा है, इसीलिए इसे अंग-संग परमात्मा कहा गया है। यह निकट से अति निकट है और विराट् होने से दूर से अति दूर भी है।

प्रभु हर जीव के अंदर भी है और बाहर भी कहा गया है—

"खालक बिन खाली नहीं, सूई धरन की ठौर।
आगे पीछे राम हैं, राम बिना नहीं और।।"

यह सर्वत्र समाई हुई सत्ता अति सूक्ष्म होने के कारण नजर नहीं आती। यह सर्वशक्तिमान है, सारे ब्रह्मांड की हर वस्तु इसी की शक्ति से चलायमान है।

श्लोक : 18

ज्योतिषामपि तज्ज्योतिस्तमसः परमुच्यते।
ज्ञानं ज्ञेयं ज्ञानगम्यं हृदि सर्वस्य विष्ठितम्॥

अन्वय—

ज्योतिषाम् अपि तत् ज्योतिः तमसः परम् उच्यते।
ज्ञानम् ज्ञेयम् ज्ञानगम्यम् हृदि सर्वस्य विष्ठितम्॥

अर्थ—सब प्रकाशमान वस्तुओं में भी यह (परमात्मा) ज्योति अंधकार से परे कहलाती है। ज्ञानी द्वारा जानने योग्य यह ज्ञान हृदय में स्थित है।

व्याख्या—परमात्मा ही ज्योति है, जो अगोचर है, दिखाई नहीं देता। यह अंधकार से परे है। इसी रोशनी को प्राप्त करने का मनुष्य कई तरह से प्रयास करता है। वेद में कहा है—

"असतो मा सद्गमय, तमसो मा ज्योतिर्गमय,
मृत्यु मा अमृतगमय।"

भाव मनुष्य प्रार्थना कर रहा है, "मुझे असत्य से सत्य की ओर ले चलो, अँधेरे से उजाले की ओर ले चलो, (और) मृत्यु से अमृत (अमरत्व) की ओर ले चलो।

परमात्मा सत्य है, उजाला है, अमर है, इसके विपरीत जो कुछ भी है, सब असत्य है, अंधकार है और मृत्युलोक, अर्थात् बार-बार जन्म लेना और मृत्यु को प्राप्त करना है। मोक्ष और मुक्ति परमात्मा का ज्ञान प्राप्त करके ही संभव होती है। परमात्मा का ज्ञान हो जाए तो मनुष्य सत्य के उजाले से जुड़कर अमरत्व प्राप्त करता है। परमात्मा का ज्ञान ही जानने योग्य है, यह सर्वोतम ज्ञान है। इससे अन्य जो भी जानकारी है, सब अज्ञान कहलाती है। ज्ञान, सत्य, उजाले को पाकर चित्त आनंदमय हो जाता है।

श्लोक : 24

य एवं वेत्ति पुरुषं प्रकृतिं च गुणैः सह।
सर्वथा वर्तमानोऽपि न स भूयोऽभिजायते॥

अन्वय—

यः एवम् वेत्ति पुरुषम् प्रकृतिम् च गुणैः सह।
सर्वथा वर्तमानः अपि न सः भूयः अभिजायते॥

अर्थ—जो जीव को, प्रकृति को, प्रकृति के गुणों के साथ सभी तरह से समझ लेता है, वह वर्तमान में स्थित होकर भी पुनर्जन्म नहीं लेता।

व्याख्या—जो परमात्मा को जान लेता है, उसे यह ज्ञान हो जाता है कि परमात्मा हर चर और अचर सबको रचनेवाला है और इन सबके बीच और बाहर पूर्ण रूप में स्थित है और सबको चलानेवाला है, फिर उसके सारे भ्रम समाप्त हो जाते हैं कि प्रकृति का अपना न तो कोई गुण है और न प्रकृति की अपनी कोई शक्ति है। यह शक्ति परमात्मा की दी हुई है।

जिसे यह ज्ञान हो जाता है, वह प्रभु में स्थित होकर इसी की आराधना करता है। वह मुक्ति प्राप्त करता है, जन्म-मरण के बंधन से छूट जाता है। वह मोक्ष को प्राप्त होता है। उसका फिर पुनर्जन्म नहीं होता। प्रभु परमात्मा का ज्ञान, भ्रम और भ्रांतियाँ दूर करता है।

श्लोक : 26

अन्ये-त्वेवमजानन्तः श्रुत्वान्येभ्य उपासते।
तेऽपि चातितरन्त्येव मृत्युं श्रुतिपरायणाः॥

अन्वय—

अन्ये तु एवम् अजानन्तः श्रुत्वा अन्येभ्यः उपासते।
ते अपि च अतितरन्ति एव मृत्युम् श्रुति-परायणाः॥

अर्थ—लेकिन परमात्मा के ज्ञान से रहित अन्य (परमात्मा के बारे में) सुनने में रुचि रखनेवाले अन्यों से (ज्ञानियों) सुनकर वे भी उपासना करके मृत्यु के मार्ग को पार कर जाते हैं।

व्याख्या—श्रीकृष्णजी परमात्मा की आराधना करनेवाले उन भक्तों के बारे में बता रहे हैं, जिन्हें अध्यात्म का ज्ञान नहीं है, लेकिन वे ज्ञानियों से परमात्मा के ज्ञान के बारे में जानकर उसकी भक्ति करके जीवन में भी आनंद पाते हैं और मृत्यु उपरांत मोक्ष प्राप्त करके जन्म-मरण के बार-बार के बंधन से छुटकारा पा लेते हैं।

भाव यह कि परमात्मा की उपासना, आराधना किसी भी जप-तप के बिना हो सकती है। जीवन का मूल उद्देश्य प्रभु परमात्मा का ज्ञान पाकर बार-बार जन्म लेने से छुटकारा पाना है, अगर कोई ज्ञानी से इस ज्ञान को प्राप्त कर लेता है तो वह भी इस भव-सागर को पार कर लेता है, जैसा कि रामचरितमानस में कहा गया है—

"सोई जानइ जेहि देहु जनाई"
जो परमात्मा को जानता है, वही जानकारी दे देता है।

श्लोक : 28

समं सर्वेषु भूतेषु तिष्ठन्तं परमेश्वरम्।
विनश्यत्स्वविनश्यन्तं यः पश्यति स पश्यति॥

अन्वय—

समम् सर्वेषु भूतेषु तिष्ठन्तम् परम्-ईश्वरम्।
विनश्यत्स्वविनश्यन्तं यः पश्यति सः पश्यति॥

अर्थ—जो सब नाशवान जीवों में वास करनेवाले नाशरहित परम ईश्वर को समभाव से देखता है, वही देखता है।

व्याख्या—जो इन आँखों से सबको अलग-अलग भाव से देखता है, अलग-अलग रूप से देखता है, वह वास्तव में दृष्टियुक्त होते हुए भी दृष्टिहीन है। जो सब जीवों में परमात्मा का अंश समभाव से देखता है, वही देखता है, वही दृष्टिवाला है।

जैसे यह शरीर नाशवान है, वैसे ही हर जीव-जंतु नाशवान हैं। सबमें परमेश्वर का अंश इसे चलाता है, जिसका नाश नहीं होता, जो ज्ञानी है, जिसे परमात्मा का ज्ञान हो गया है, जिसने परमात्मा के अविनाशी रूप को देख लिया है, वह फिर इस नश्वर शरीर को देखते हुए भी इसमें परमात्मा को देखता है, शरीर को महत्त्व नहीं देता, क्योंकि वह जानता है कि शरीर सत्य नहीं है, इसमें जीवात्मा ही सत्य है। सदा रहनेवाली है।

जो अज्ञानी हैं, वे केवल शरीर को ही सबकुछ मान बैठते हैं, जब यह शरीर नष्ट हो जाता है, तब समझते हैं कि सबकुछ नष्ट हो गया, लेकिन वास्तविकता यह नहीं है। शरीर के नष्ट हो जाने पर भी आत्मा, जो कि परमात्मा का स्वरूप है, का नाश नहीं होता। जो उन्हें इस प्रकार विवेक से देखता है, वास्तव में वही देखता है।

श्लोक : 31

यदा भूतपृथग्भावमेकस्थमनुपश्यति।
तत एव च विस्तारं ब्रह्म सम्पद्यते तदा॥

अन्वय—

यदा भूत पृथक्-भावम् एक-स्थम् अनुपश्यति।
ततः एव च विस्तारम् ब्रह्म सम्पद्यते तदा॥

अर्थ—जब किसी के माध्यम से जीव के पृथक् स्वरूपों को एक स्थान पर देखता है, तत्पश्चात् उस समय ब्रह्म के विस्तार को भी देखता है।

व्याख्या—ब्रह्म को देखने का एकमात्र साधन यहाँ बताया गया है कि किसी के माध्यम से ही देखा जा सकता है, जो इस सत्य को जानता हो, वही इसके दर्शन करा सकता है। सत्य को जाननेवाला और जानकारी देनेवाला सद्गुरु होता है। इस विराट् स्वरूप को अपने आप जाना नहीं जा सकता और न ही प्राप्त किया जा सकता है। वेदों में, गीता में यह स्पष्ट लिखा है कि प्रभु को जप या तप से, यज्ञ या दान से या कोई तीर्थस्थान पर यात्रा आदि या मंत्र जाप से नहीं जाना जा सकता। परमात्मा की प्राप्ति केवल सद्गुरु द्वारा दिए ज्ञान से ही होती है।

माया और परमात्मा दोनों ही सर्वत्र व्यापक हैं, माया नजर आती है, परंतु परमात्मा नजर नहीं आता। सद्गुरु माया और परमात्मा को अलग-अलग करके प्रभु के दर्शन करा देता है। ज्ञान प्राप्त करके मनुष्य को इस विराट् प्रभु के विस्तार का अनुभव होता है, फिर इस धरती के हर जीव में परमात्मा का ही स्वरूप दिखाई देता है।

श्लोक : 34 एवं 35

यथा प्रकाशप्रत्येकः कृत्स्नं लोकमिमं रविःय।
क्षेत्रं क्षेत्री तथा कृत्स्नं प्रकाशयति भारत॥
क्षेत्रक्षेत्रज्ञयोरेवमन्तरं ज्ञानचक्षुषा।
भूतप्रकृतिमोक्षं च ये विदुर्यान्ति ते परम्॥

विग्रह, अन्वय—

यथा प्रकाशयति एकः कृत्स्नम् लोकम् इमम् रवि।
क्षेत्रम् क्षेत्री तथा कृत्स्नम् प्रकाशयति भारत॥
क्षेत्र क्षेत्र-ज्ञयोः एवम् अन्तरम् ज्ञान-चक्षुषा।
भूत प्रकृति मोक्षम् च ये विदुः यान्ति ते परम्॥

अर्थ—जिस प्रकार एक सूर्य संपूर्ण ब्रह्मांड को प्रकाशित करता है, उसी

प्रकार आत्मा समस्त शरीर को प्रकाशित (चलायमान) करती है।

जो इस प्रकार शरीर तथा शरीर के स्वामी, जीव और प्रकृति को (अंतर को भी इसी प्रकार) ज्ञान के चक्षु से देखते हैं, वे परब्रह्म मोक्ष को प्राप्त होते हैं।

व्याख्या—34वें श्लोक में उदाहरण देकर बताया गया है कि एक सूर्य की रोशनी हर स्थान को प्रकाशित करती है, उसी प्रकार परमात्मा का यह अंश आत्मा शरीर के हर अंग को जीवित रखती है, चलाती है। शरीर का कोई भी अंग अपनी शक्ति से कार्य करने में असमर्थ है। परमात्मा का अंश शरीर से निकल जाए तो हर अंग कार्य करना बंद कर देता है।

35वें श्लोक में सर्वशक्तिमान परमात्मा के ज्ञान के विषय में बताया गया है कि चेतन सिर्फ एक परमात्मा है, बाकी सब जड़ है। यह चेतन सत्ता जड़ को भी चलायमान कर देती है। जो मनुष्य इनके अंतर को जान लेता है, जिसके पास यह ज्ञान है, वह वह मोक्ष को प्राप्त होता है। उसका पुनर्जन्म नहीं होता। देह छोड़ने के बाद उसकी आत्मा परमात्मा में ही विलीन हो जाती है।

□

चौदहवाँ अध्याय

श्लोक : 1

परं भयूः प्रवक्ष्यामि ज्ञानानां ज्ञानमुत्तमम्।
यज्ज्ञात्वा मुनयः सर्वे परां सिद्धिमितो गताः॥

अन्वय—

परम् भूयः प्रवक्ष्यामि ज्ञानानाम् ज्ञानम् उत्तमम्।
यत् ज्ञात्वा मुनयः सर्वे पराम् सिद्धिम् इतः गताः॥

अर्थ—(मैं) तुमसे समस्त ज्ञानों में सर्वश्रेष्ठ इस परमज्ञान को पुनः कहूँगा, जिसे जानकर इस संसार में समस्त मुनियों ने परमसिद्धि प्राप्त की है।

व्याख्या—यहाँ श्रीकृष्णजी परमात्मा के दिव्य ज्ञान को समस्त ज्ञानों में सर्वश्रेष्ठ ज्ञान बता रहे हैं। किसी भी ज्ञान को प्राप्त करके कोई एक ऋद्धि-सिद्धि प्राप्त हो सकती है, परंतु इस परमज्ञान को पाकर समस्त सिद्धि प्राप्त हो जाती है। जो यह दिव्य ज्ञान प्राप्त कर लेते हैं। वे मुनिजन ज्ञानीजन हो जाते हैं।

श्लोक : 2

इदं ज्ञानमुपाश्रित्य मम साधर्म्यमागताः।
सर्गेऽपि नोपजायन्ते प्रलये न व्यथन्ति च॥

अन्वय—

इदम् ज्ञानम् उपाश्रित्य मम साधर्म्यम् आगताः।
सर्गेऽपि न उपजायन्ते प्रलये न व्यथन्ति च॥

अर्थ—इस ज्ञान को पाकर मनुष्य मेरे जैसी (दिव्य) प्रकृति को प्राप्त करके सृष्टि में न उत्पन्न होते हैं और न प्रलय में विचलित होते हैं।

व्याख्या—पूर्ण दिव्य ज्ञान प्राप्त कर लेने के बाद मनुष्य भगवान् के समान

गुणों को प्राप्त करता है। परमात्मा अमर है। ज्ञान पाकर, परमात्मा का बोध हासिल करके वह भी जन्म-मरण के बंधन से मुक्त हो जाता है और अमरत्व प्राप्त करता है।

भौतिक ज्ञान जो भी हैं, वे तीन गुणों से युक्त होते हैं। मनुष्य या तो सतोगुणी कर्म करता है, जो नेक कर्मों की श्रेणी में आते हैं या फिर मध्यम प्रकार के रजोगुणी कर्म करता है। जो नीच प्रवृत्ति के कर्म होते हैं, वे तमोगुणी कर्म कहलाते हैं। ये तीनों प्रकार के कर्म कर्मफल देते हैं। ये दिव्य ज्ञान से अलग हैं। सतोगुणी कर्म का भी केवल फल मिलता है। परमात्मा के ज्ञान का या दिव्य ज्ञान का कर्मों से कोई संबंध नहीं। दिव्य ज्ञान किन्हीं गुणों से लिप्त नहीं होता। आदिग्रंथ में कहा गया है 'त्रै गुण ते प्रभ भिन्न', 'तिसे बुझावे नानका जित होवे एह प्रसन्न'।

प्रभु तीन गुणों से अलग है, जिस पर प्रभु प्रसन्न हो जाते हैं, उसे ही इसकी जानकारी मिलती है। जो इस दिव्य ज्ञान से युक्त हो जाता है, वह परमपुरुष के समकक्ष पहुँच जाता है। ऐसा ज्ञान पाकर मनुष्य में आध्यात्मिक गुण आ जाते हैं। वह फिर भौतिक जगत् के सृजन तथा विनाश से प्रभावित नहीं होता। श्रीकृष्ण कह रहे हैं कि मेरा ज्ञान पाकर वह भी मेरी ही तरह दिव्य गुणों से युक्त हो जाता है।

श्लोक : 19

नान्यं गुणेभ्यः कर्तारं यदा द्रष्टानुपश्यति।
गुणेभ्यश्च परं वेत्ति मद्भावं सोऽधिगच्छति॥

अन्वय—

न अन्यम् गुणेभ्यः कर्तारम् यदा द्रष्टा अनुपश्यति।
गुणेभ्य च परम् वेत्ति मत्-भावम् सः अधिगच्छति॥

अर्थ—जब कोई देखनेवाला यह देख लेता है कि गुणों का कर्ता (परमात्मा के सिवाय) कोई अन्य नहीं है। जो गुणों से युक्त दिव्य को जान लेता है, वह मेरे दिव्य स्वभाव को प्राप्त होता है।

व्याख्या—पिछले श्लोक में बताया गया है कि भौतिक ज्ञान से तीन गुणों के आधार पर कर्म होते हैं। यहाँ श्रीकृष्णजी बता रहे हैं कि जो दिव्य परमात्मा का ज्ञान प्राप्त कर लेता है, परमात्मा को देख लेता है। यहाँ श्रीकृष्णजी परमात्मा को देखने की बात कर रहे हैं, परमात्मा को जो देख लेता है, वह तीन गुणों से परे हो जाता है। परमात्मा तीन गुणों से निर्लेप है, वह दिव्य की अनुभूति करके उसके जैसा ही दिव्य रूप हो जाता है। वह परमगति को प्राप्त होता है, मोक्ष को पा लेता है, बार-बार के जन्म-मरण के बंधन से मुक्ति पा लेता है।

श्लोक : 20

गुणानेतानतीत्य त्रीन्देही देहसमुद्भवान्।
जन्ममृत्युजरादुःखैर्विमुक्तोऽमृतमश्नुते॥

अन्वय—

गुणान् एतान् अतीत्य त्रीन् देही देह समुद्भवान्।
जन्म मृत्यु जरा दुःखै विमुक्तः अमृतम् अश्नुते॥

अर्थ—देहधारी शरीर से संबद्ध इन तीन गुणों को लाँघकर जन्म, मृत्यु, बुढ़ापे के दुःखों से मुक्त अमृत को भोगता है।

व्याख्या—अमृत पाने का यानी मोक्ष प्राप्त करने का एकमात्र साधन मानव शरीर ही है। इसी मानव जन्म को पाकर मनुष्य जब परमात्मा के दिव्य स्वरूप को जान लेता है, तब जन्म, मृत्यु तथा बुढ़ापे के दुःखों से भी मुक्त हो जाता है। तीन गुणों, सतोगुणी कर्म, रजोगुणी कर्म, तमोगुणी कर्म इन कर्मों को तथा इसके फल को लाँघ जाता है। भाव यह कि मनुष्य के जो कर्म इन तीनों गुणों से युक्त होते हैं, व्यक्ति उनका फल न भोगकर दिव्य को प्राप्त होता है।

श्लोक : 22-23 एवं 24-25

प्रकाशं च प्रवृतिं च मोहमेव च पाण्डव।
न द्वेष्टि सम्प्रवृत्तानि न निवृत्तानि काङ्क्षति॥
उदासीनवदासीनो गुणैर्यो न विचाल्यते।
गुणा वर्तन्त इत्येव योऽवतिष्ठति नेङ्गते॥
समदुःखसुःखः स्वस्थः समलोष्टाश्मकाञ्चनः।
तुल्यप्रियाप्रियो धीरस्तुल्यनिन्दात्मसंस्तुतिः॥
मानापमानयोस्तुल्यस्तुल्यो मित्रारिपक्षयोः।
सर्वारम्भपरित्यागी गुणातीतः स उच्यते॥

अन्वय—

प्रकाशम् च प्रवृतिम् च मोहम् एव च पाण्डव।
न द्वेष्टि सम्प्रवृत्तानि न निवृत्तानि काङ्क्षति॥
उदासीन-वत् आसीनः गुणैः यः न विचाल्यते।
गुणाः वर्तन्ते इति एवम् यः अवतिष्ठति न इङ्गते॥
सम दुःख सुखः स्व-स्थः सम लोष्ट अश्म काञ्चनः।
तुल्य प्रिय अप्रियः धीरः तुल्य निन्दा आत्म-संस्तुतिः॥

मान अपमानयोः तुल्यः तुल्यः मित्र अरि पक्षयोः।
सर्व आरम्भ परित्यागी गुण-अतीतः सः उच्यते॥

अर्थ—हे पांडुपुत्र! जो प्रकाश आसक्ति तथा मोह के विकसित होने पर भी न घृणा करता है और न होने पर उनकी इच्छा भी नहीं करता है। यह जानते हुए कि गुण क्रियाशील होते हैं, जो निरपेक्ष होकर अविचलित तथा निश्चल रहता है, जो अपने आपमें स्थित दुःख को एक समान मानता है, जो मिट्टी, पत्थर और सोने को प्रिय एवं अप्रिय को निंदा और अपनी प्रशंसा में धीर बना रहता है, जो मान तथा अपमान में समान भाव में रहता है, जो शत्रु और मित्र से समान व्यवहार करता है, जो सभी तरह से निश्चल होने के लिए प्रयत्नशील है, ऐसे व्यक्ति को गुणों से परे अर्थात् गुणातीत कहते हैं।

व्याख्या—परमात्मा निर्गुण है, इसके अतिरिक्त हर वस्तु सगुण है। उसका कोई-न-कोई गुण है, रंग है या आकार है, सीमा है, जो दिखाई देती है, क्योंकि गुण क्रियाशील होते हैं। हर वस्तु के अपने-अपने गुण हैं। हर व्यवहार तीनों गुणों में से (सतोगुण, रजोगुण, तमो गुण) किसी-न-किसी गुण से युक्त है। सतोगुण, जो सबमें श्रेष्ठ गुण है, ये भी कर्म ही है। रजोगुण मध्यम प्रकार का गुण है, तमोगुण वाला कर्म निचले दरजे का कर्म है। जो इन तीनों गुणों से युक्त हुए बिना कर्म करता है, वह गुणातीत कहलाता है।

यहाँ श्रीकृष्णजी ज्ञानी के बारे में बता रहे हैं कि जिसे निराकार प्रभु का ज्ञान हो जाता है, वह परमात्मा से जुड़कर गुणों के प्रभाव से मुक्त हो जाता है, वह गुणातीत कहलाता है। भाव यह कि परमात्मा के जैसे ही गुणों से वह युक्त हो जाता है।

वह न तो किसी से मोहित होता है, न घृणा करता है, अगर मनचाही वस्तु न मिले तो न होने पर उसकी इच्छा नहीं करता। वह दुःख-सुख, मान-अपमान अथवा निंदा-स्तुति हर स्थिति में एक-सा धीर बना रहता है। वह भौतिक गुणों से प्रभावित हुए बिना निरपेक्ष होकर द्रष्टा बना रहता है। उसके लिए कोई प्रिय या अप्रिय नहीं, कोई मित्र अथवा शत्रु नहीं। वह मिट्टी, पत्थर और सोने के लिए एक ही भाव रखते हुए प्रकृति के गुणों से परे जीवन जीता है। वह शरीर में रहकर भी कैसी भी परिस्थिति में विचलित नहीं होता।

परमतत्त्व के ज्ञान के बिना मनुष्य इस अवस्था को नहीं प्राप्त कर सकता।

श्लोक : 27

ब्रह्मणो हि प्रतिष्ठाहममृतस्याव्ययस्य च।
शाश्वतस्य च धर्मस्य सुखस्यैकान्तिकस्य च॥

अन्वय—

ब्रह्मण: हि प्रतिष्ठा अहम् अमृतस्य अव्ययस्य च।
शाश्वतस्य च धर्मस्य सुखस्य ऐकान्तिकस्य च॥

अर्थ—निश्चय ही अमृत अविनाशी और शाश्वत का, धर्म का और चरम सुख का आश्रय मैं ही हूँ।

व्याख्या—ब्रह्म का बोध, ब्रह्म परमात्मा की जानकारी जिसे हो जाती है, परमात्मा का साक्षात्कार जो कर लेता है, उसे परमात्मा का अंश जो शरीर में आत्मा निवास करती है, उसका भी बोध हो जाता है। उसे आत्म-साक्षात्कार हो जाता है। आत्म-साक्षात्कार ही ब्रह्म-साक्षात्कार है। इस श्लोक में परमात्मा के विषय में बताया गया है कि इसका कभी नाश नहीं होता। यह शाश्वत है और चरम सुख का आधार केवल एक ब्रह्म निराकार ही है।

ब्रह्म का ज्ञान प्राप्त करके जो परमात्मा से जुड़ जाता है, वह भी परमात्मा के गुणों से युक्त हो जाता है। शरीर में रहकर भी श्रीकृष्णजी निराकार हैं।

□

पंद्रहवाँ अध्याय

श्लोक : 5

निर्मानमोहा जितसङ्गदोषा अध्यात्मनित्या विनिवृत्तकामाः।
द्वन्द्वैर्विमुक्ताः सुखदुःखसञ्ज्ञैर्गच्छन्त्यमूढाः पदमव्ययं तत्॥

अन्वय—

निःमान मोहाः जित सङ्ग दोषाः अध्यात्म नित्याः विनिवृत्त कामाः।
द्वन्द्वैः विमुक्ताः सुख-दुःख सञ्ज्ञैः गच्छन्ति अमूढ़ाः पदम् अव्ययम् तत्॥

अर्थ—जो मान, मोह तथा कुसंगति से मुक्त हैं, शाश्वत तत्त्व को समझते हैं, जिन्होंने भौतिक कामों से अपने को अलग कर दिया है, जो सुख-दुःख के द्वंद्व से मुक्त हैं, वे मोहरहित शाश्वत पद को प्राप्त करते हैं।

व्याख्या—इस श्लोक में ज्ञानी पुरुष के बारे में बताया गया है कि जिसे परमात्मा का ज्ञान हो जाता है, जो इस शाश्वत तत्त्व परमात्मा को समझ लेता है, वह परमात्मा के ही रूप जैसा हो जाता है। वह मान-अपमान से मुक्त हो जाता है। किसी बुरी संगति का असर उस पर नहीं होता। उसे कोई भी नकारात्मक बात या नकारात्मक सोच अच्छी नहीं लगती। भौतिक कामों में उतार-चढ़ाव तो आते ही रहते हैं। जो प्रभु से जुड़े होते हैं, वे इन सबसे प्रभावित नहीं होते।

दुःख हो या सुख, वे उससे मोहित नहीं होते, उससे प्रभावित नहीं होते। हर समय इस शाश्वत से जुड़े रहते हैं। शाश्वत निराकार के समान ही उनमें गुण होते हैं। वे मोहरहित होते हैं।

श्लोक : 6

न तद्भासयते सूर्यो न शशाङ्कों न पावकः।
यद्गत्वा न निवर्तन्ते तद्धाम परमं मम॥

अन्वय—

न तत् भासते सूर्यः न शशाङ्कः न पावकः।
यत् गत्वा न निर्वतन्ते तत्-धाम परमम् मम॥

अर्थ—जहाँ न तो सूर्य, न चंद्रमा द्वारा प्रकाश होता है और न ही अग्नि से। जहाँ जाकर (लोग) वापस नहीं आते, वह मेरा परमधाम है।

व्याख्या—परमधाम परमात्मा, जो कि ब्रह्मज्योति है, वह अपने आपमें पूर्ण प्रकाश है। उसे कोई सूर्य या चाँद या अग्नि प्रकाशित नहीं करते। उसकी शक्ति से जगत् प्रकाशित होता है। सूर्य और चाँद इसी परमतत्त्व से शक्ति लेकर जगत् में प्रकाश देते हैं। जो इस परमधाम को पा जाते हैं, वे बार-बार मृत्युलोक में जन्म नहीं लेते, मोक्ष को प्राप्त करते हैं। जन्म-मरण के बंधन से मुक्त हो जाते हैं।

श्रीकृष्णजी ने गीता में ज्ञानयोग, कर्मयोग एवं भक्तियोग तीनों पक्षों की व्याख्या उदाहरण देकर की है। जिसे परमात्मा का ज्ञान हो जाता है, वह जन्म-मरण के बंधन से मुक्त हो जाता है। मृत्यु होने के बाद वह परमात्मा में ही विलीन हो जाता है। अन्य जो परमपिता परमात्मा को नहीं जान पाते, वे अपने कर्मों के अनुसार मृत्युलोक में बार-बार जनमते और मरते हैं। यही चौरासी लाख योनियों का चक्कर है।

ज्ञानयोग—ज्ञान प्राप्त करना ही ज्ञान से योग करना है।

कर्मयोग—तीनों गुणों के आधार पर कर्म करके उसी के अनुसार जन्म होना कर्मयोग है।

भक्तियोग—ज्ञान प्राप्त करके भक्ति से योग यानी जुड़ना ही भक्तियोग है। बिना ज्ञान के भक्ति से नहीं जुड़ सकते।

श्लोक : 11

यतन्तो योगिनश्चैनं पश्यन्त्यात्मन्यवस्थितम्।
यतन्तोऽप्यकृतात्मानो नैनं पश्यन्त्यचेतसः॥

अन्वय—

यतन्तः योगिनः च एनम् पश्यन्ति आत्मनि अवस्थितम्।
यतन्तः अपि अकृत-आत्मानः न एनम् पश्यन्ति अचेतसः॥

अर्थ—योगी इसे आत्म-साक्षात्कार से प्रयास करते हुए भी देख सकते हैं, जबकि अज्ञानी आत्म-साक्षात्कार से विहीन प्रयास करते हुए भी नहीं देख सकते।

व्याख्या—इस श्लोक में श्रीकृष्णजी ने बताया है कि जिसकी आत्मा का योग परमात्मा के साथ हो जाता है, उस योगी का जहाँ ब्रह्म से साक्षात्कार हो जाता है,

अपनी आत्मा से भी साक्षात्कार हो जाता है। वह जान लेता है कि 'मैं आत्मा हूँ', जिसका नाश नहीं होता। मैं शरीर नहीं हूँ। शरीर नाशवान है। वह फिर परमात्मा को हर समय हर स्थान पर व्यापक देख पाता है।

जबकि जो अज्ञानी हैं, जिन्हें परमात्मा का ज्ञान नहीं, वे कितना भी प्रयास करें, कोई भी यत्न करें बिना ज्ञान के न तो आत्म-साक्षात्कार होता है और न ही ब्रह्म से साक्षात्कार। भाव यह कि ब्रह्म को भी नहीं देख पाते।

श्लोक : 12

यदादित्यगतं तेजो जगद्भासयतेऽखिलम्।
यच्चन्द्रमसि यच्चाग्नौ तत्तेजो विद्धि मामकम्॥

अन्वय—

यत् आदित्य-गतम् तेजः जगत् भासयते अखिलम्।
यत् चन्द्रमसि यत् च अग्नौ तत् तेजः विद्धि मामकम्॥

अर्थ—सूर्य का प्रकाश जो संपूर्ण जगत् को प्रकाशित करता है, जो चंद्रमा में, जो अग्नि में तेज है, वह सब मुझसे ही लिया हुआ तेज जानो।

व्याख्या—सूर्य संपूर्ण सौरमंडल को प्रकाशित कर रहा है। इसी प्रकार चंद्रमा और अग्नि में भी तेज है, वह उन सबका अपना तेज नहीं है। परमात्मा की एकमात्र शक्ति से ये सारे ब्रह्मांड और ऐसे अनेक ब्रह्मांड और उनमें अनगिनत सूर्य और चाँद उन सबमें जो तेज व्याप्त है, ये सब भगवान् से ही उद्भूत हैं।

कहने का भाव यही है कि हर वस्तु जो अस्तित्व में है और दिखाई देती है, उनमें जो-जो भी गुण हैं, वे सब परमात्मा की शक्ति से ही हैं।

श्लोक : 19

यो मामेवमसम्मूढढो जानाति पुरुषोत्तमम्।
स सर्वविद्भजति मां सर्वभावेन भारत।

अन्वय—

यः माम् एवम् असम्मूढः जानाति पुरुष-उत्तमम्।
सः सर्व-वित् भजति माम् सर्व-भावेन भारत॥

अर्थ—हे अर्जुन! जो मुझे बिना संशय के पुरुषों में उत्तम (श्रेष्ठ पुरुष) जानता है, वह सभी प्रकार से मेरी भक्ति करता हुआ सबकुछ जाननेवाला है।

व्याख्या—जो प्रभु को जान लेता है, उसके हृदय में कोई संशय नहीं रहता।

उस संशयरहित पुरुष को यही समझो कि वह सबकुछ जानता है। वह जानता है कि श्रीकृष्ण साकार रूप में निराकार ही हैं। यह आम पुरुष की तरह पुरुष नहीं हैं। वह पुरुषों में अति उत्तम पुरुषोत्तम हैं। जिसने परमपिता परमात्मा को जान लिया है, उसके लिए बाकी सभी जानकारियाँ तुच्छ हो जाती हैं। वह हर प्रकार से हर कर्म करता हुआ मेरी भक्ति ही कर रहा होता है।

परमात्मा की जानकारी, परमात्मा का ज्ञान सर्वोपरि ज्ञान बताया गया है। यह ज्ञान पाकर मनुष्य को हर वस्तु में, हर कर्म में परमात्मा नजर आता है और उसकी हर क्षण भक्ति हो रही होती है।

श्लोक : 20

इति गुह्यतमं शास्त्रमिदमुक्तं मयानघ।
एतद्बुद्ध्वा बुद्धिमान्स्यात्कृतकृत्यश्च भारत॥

अन्वय—

इति गुह्य-तमम् शास्त्रम् इदम् उक्तम् मया अन्घ।
एतत् बुद्ध्वा बुद्धिमान् स्यात् कृत-कृत्य च भारत॥

अर्थ—हे पापरहित! हे अर्जुन! यह मेरे द्वारा प्रकट किया गया वैदिकशास्त्रों का सबसे अधिक गुप्त ज्ञान है। इसे बुद्धिमान (लोग) समझकर अपने प्रयत्नों में पूर्ण हो जाते हैं।

व्याख्या—परमात्मा के ज्ञान को, परमात्मा की जानकारी को इस श्लोक में शास्त्रों के अनुसार, सब ज्ञानों में से सबसे अधिक दुर्लभ गुप्त ज्ञान बताया गया है। यह हर किसी को प्राप्त करना संभव नहीं। जिसके पास यह ज्ञान होता है, वह सद्गुरु होता है। जो सत्य की रोशनी देकर अंधकार दूर करता है। यह ज्ञान हर एक के लिए प्रकट नहीं है। कोई-कोई भाग्यशाली होता है, जिस पर सद्गुरु कृपा करते हैं और यह दिव्य ज्योति प्रदान करते हैं।

वे बुद्धिमान इसे समझकर अपने जीवन प्रयोग में कर पूर्ण हो जाते हैं। भाव यह कि परमात्मा पूर्ण हैं, इस परमात्मा का कोई भी कार्य अपूर्ण या आधा-अधूरा नहीं है। जो परमात्मा को जान लेते हैं, उनके हर कार्य में परमात्मा निवास करता है, फिर वे भी पूर्ण हो जाते हैं।

□

सोलहवाँ अध्याय

श्लोक : 1, 2 एवं 3

अभयं सत्त्वसंशुद्धिर्ज्ञानयोगव्यवस्थितिः।
दानं दमश्च यज्ञश्च स्वाध्यायस्तप आर्जवम्॥
अहिंसा सत्यमक्रोधस्त्यागः शान्तिरपैशुनम्।
दया भूतेष्वलोलुप्त्वं मार्दवं ह्रीरचापलम्॥
तेजः क्षमा धृति शौचमद्रोहोनातिमानिता।
भवन्ति सम्पदं दैवीमभिजातस्य भारत॥

अन्वय—

अभयम् सत्त्व-संशुद्धि ज्ञान योग व्यवस्थितिः।
दानम् दमः च यज्ञः च स्वाध्यायः तपः आर्जवम्॥
अहिंसा सत्यम् अक्रोधः त्यागः शान्तिः अपैशुनम्।
दया भूतेषु अलोलुप्त्वम् मार्दवम् ह्री अचापलम्॥
(अपैशुनम्) (का अर्थ नहीं समझ आया) पशुवत् व्यवहार न हो
तेजः क्षमाः धृतिः शौचम् अद्रोहः न अतिमानिता।
भवन्ति सम्पदम् दैवीम् अभिजातस्य भारत॥

अर्थ—हे भारत! निर्भयता, आत्मशुद्धि, ज्ञान से जुड़ना, दान तथा मन का संयम, यज्ञ तथा अध्ययन करना, तप, सरलता, अहिंसा, सत्य, क्रोध से मुक्ति, त्याग मन की शांति, दया, समस्त जीवों के प्रति करुणा, लोभ से मुक्ति, भद्रता, लज्जा, संकल्प, तेज, क्षमा, धैर्य, पवित्रता, ईर्ष्या से मुक्ति, सम्मान की आशा न होना (ये सब) दिव्य गुण उत्पन्न होते हैं (और वे) स्थित हो जाते हैं।

व्याख्या—जो परमात्मा को जान लेते हैं, ज्ञान प्राप्त करके परमात्मा से जुड़ जाते हैं, जो दिव्य परमात्मा को देख लेते हैं, वे स्वाभाविक ही इसमें बताए हुए गुणों

से युक्त हो जाते हैं। ये सारे गुण उनके जीवन की दिनचर्या में व्यवस्थित ही रहते हैं।

ये सभी गुण उनके स्वभाव का एक हिस्सा हो जाते हैं। उन्हें कोई भय नहीं लगता। वे किसी को दुःख नहीं दे सकते। क्षमाशील हो जाते हैं। सहज और पवित्र जीवन जीते हैं। ये सब गुण होते हुए भी वे किसी सम्मान की आशा नहीं करते। यश के इच्छुक नहीं होते। अपना कर्तव्य करते हुए वे हर पल प्रभु के साथ जुड़े रहते हैं।

भाव यह कि तत्त्वज्ञान प्राप्त करके इनसान, जहाँ अपनी आत्मा को भी जान लेता है, वहीं दिव्य प्रभु परमात्मा को भी जान लेता है। परमात्मा से जुड़कर वह दिव्य गुणों से युक्त हो जाता है, फिर शरीर से नहीं जुड़ता।

अध्याय-16 के बाकी श्लोकों में आसुरी प्रवृत्ति को धारण करनेवाले मनुष्यों के बारे में बताया गया है कि वे परमात्मा को न तो जानने की चेष्टा करते हैं और अपने आसुरी स्वभाव की ओर अग्रसर रहते हैं।

□

अठारहवाँ अध्याय

श्लोक : 18

ज्ञानं ज्ञेयं परिज्ञाता त्रिविधा कर्मचोदना।
करणं कर्म कर्तेति त्रिविधः कर्मसंग्रहः॥

अन्वय—

ज्ञानम् ज्ञेयम् परिज्ञाता त्रि-विधा कर्म चोदना।
करणम् कर्म कर्ता इति त्रि-विधः कर्म सङ्ग्रहः॥

अर्थ—इंद्रियाँ, कर्म, कर्ता, इस प्रकार तीनों का संग्रह ज्ञान, ज्ञान का उद्‌देश्य, ज्ञाता तीनों की प्रेरणा का कारण है।

व्याख्या—अठारहवें अध्याय के इस श्लोक में श्रीकृष्ण ने कहा है कि ज्ञान, ज्ञेय और ज्ञाता ये तीनों की अवस्था करण, कर्म और कर्ता के द्वारा ही प्राप्त हो सकती है। इसके बारे में बताया है—

ज्ञान—परमात्मा की जानकारी।

ज्ञेय—परमात्मा की जानकारी का उद्‌देश्य।

ज्ञाता—परमात्मा को जाननेवाला।

करण—इंद्रियाँ—मन, बुद्धि, आँख, कान, हाथ, पैर इन सबके उपयोग से ही ज्ञान प्राप्त किया जा सकता है। ज्ञान प्राप्त करने की जागरूकता आती है और इंद्रियों द्वारा प्रयास करके वह ज्ञान-प्राप्ति का यत्न करता है।

कर्म—ज्ञान की प्राप्ति का प्रयास करना, खोज करना।

कर्ता—ज्ञान प्राप्त करनेवाला।

परमात्मा की जानकारी मानव जीवन में ही संभव है। इसकी जानकारी करके मनुष्य आवागमन के बंधन से मुक्त हो जाता है, मोक्ष को प्राप्त करता है। परमात्मा का ज्ञान जिसे हो जाता है, वह बार-बार चौरासी लाख योनियों के चक्कर से मुक्त

हो जाता है। अपने घर, अपने मूल की पहचान करके परमात्मा में ही समा जाता है। नश्वर शरीर को छोड़ने के बाद परमात्मा में विलीन हो जाता है। परमात्मा का ज्ञान पाकर वह ज्ञानी हो जाता है।

परमात्मा को पाने के लिए ज्ञान-इंद्रियाँ और कर्म-इंद्रियाँ ही प्रेरित करती हैं। ज्ञान-इंद्रियों से मनुष्य भगवान् की खोज करने का प्रयास करता है और हाथ-पैर, आँख, कान, शरीर को चलाते हैं, मन और बुद्धि से ज्ञान की समझ आती है। मनुष्य कर्ता बन ज्ञान प्राप्त करके ज्ञाता हो जाता है।

श्लोक : 46

यतः प्रवृत्तिर्भूतानां येन सर्वमिदं ततम्।
स्वकर्मणा तमभ्यर्च्य सिद्धिं विन्दति मानवः॥

अन्वय—

यतः प्रवृत्तिः भूतानाम् येन सर्वम् इदम् ततम्।
स्व-कर्मणा तम् अभ्यर्च्य सिद्धिम् विन्दति मानवः॥

अर्थ—जो समस्त जीवों का उद्गम (बनानेवाला, पालन करनेवाला, विनाश करनेवाला) है, जिसमें समस्त जगत् व्याप्त है, मनुष्य अपने कर्म से, यत्न करके, उस सिद्धि को प्राप्त करता है।

व्याख्या—परमात्मा पूर्ण रूप से ब्रह्मांडों का विस्तार करके कण-कण में व्याप्त है। इस परमात्मा का कोई आदि या अंत नहीं। जो कुछ भी ये आँखों देख पाती हैं और जो नहीं देख पातीं, सबकुछ परमात्म का बनाया है। परमात्मा ही हर वस्तु का विस्तार करनेवाला, पालन करनेवाला और समय आने पर अंत भी करनेवाला है।

परमात्मा को प्राप्त करना ही सिद्धि प्राप्त करना है, मोक्ष अथवा मुक्ति प्राप्त करना है। इसे मनुष्य यत्न करके अपनी ज्ञान-इंद्रियो एवं कर्म-इंद्रियों द्वारा प्राप्त कर सकता है। ज्ञान-इंद्रियाँ सूक्ष्म हैं, ये मनुष्य के भीतर सोच पैदा करती हैं कि यह आत्मा जो परमात्मा का अंश है शरीर के नाश होने पर यह कहाँ जाएगी, इसका मूल अस्तित्व क्या है? और अपने मूल के साथ योग (जोड़) कैसे हो सकता है?

कर्म-इंद्रियाँ (हाथ-पैर, आँख-कान) कर्म करके परमात्मा की खोज करती है। धर्मग्रंथों का सहारा लेकर तत्त्व के दर्शन करनेवालों का संग करके मनुष्य परमसिद्धि को प्राप्त कर सकता है।

श्लोक : 50

सिद्धिं प्राप्तो यथा ब्रह्म तथाप्नोति निबोध मे।
समासेनैव कौन्तेय निष्ठा ज्ञानस्य या परा॥

अन्वय—

सिद्धिम् प्राप्त: यथा ब्रह्म तथा आप्नोति निबोध मे।
समासेन एव कौन्तेय निष्ठा ज्ञानस्य या परा॥

अर्थ—हे अर्जुन! जो दिव्य ज्ञान की अवस्था है, निश्चय ही संक्षेप में मुझसे समझने का यत्न करो। जिस प्रकार मनुष्य सिद्धि प्राप्त करता है, उसी प्रकार ब्रह्म को प्राप्त करता है।

व्याख्या—दिव्य ज्ञान की अनुभूति, परमात्मा की जानकारी, ब्रह्म की प्राप्ति सब एक ही है। इसी प्राप्ति को कभी-कभी सिद्धि प्राप्त करने का नाम भी दे दिया जाता है। ब्रह्म का साक्षात्कार हो गया, परमात्मा को देख लिया, जिसे मीराजी ने इस प्रकार प्रकट किया—

"अविनाशी रे मैंने देखा है घट-घट वासी रे"

इस कण-कण में व्यापक प्रभु परमात्मा को देखने का मार्ग भी श्रीकृष्णजी विस्तार से बता रहे हैं। इस दिव्य ज्ञान की प्राप्ति गुरु-शिष्य परंपरा से ही संभव है, जैसा कि चौथे अध्याय के दूसरे श्लोक में भी बताया है।

एवं परम्परा प्राप्त मिमं राजर्षयो: विदु:।
स काले नेह महता योगो नष्ट: परन्तप:॥ 4-2॥

हे शत्रुओं का दमन करनेवाले परमतपी! यह विज्ञान सहित ज्ञान गुरु परंपरा द्वारा प्राप्त किया गया और राजर्षियों ने इसी विधि से इसे समझा। कालांतर में यह ज्ञान इस संसार में नष्ट हो गया।

श्लोक : 54

ब्रह्मभूत: प्रसन्नात्मा न शोचति न काङ्क्षति।
सम: सर्वेषु भूतेषु मद्भक्तिं लभते पराम्॥

अन्वय—

ब्रह्म-भूत: प्रसन्न-आत्मा न शोचति न काङ्क्षति।
सम: सर्वेषु भूतेषु मत्-भक्तिम् लभते पराम्॥

अर्थ—ब्रह्मभूत (जो साधक ब्रह्म बन गया है), प्रसन्न मनवाला पुरुष न

इच्छा करता है और न शोक, समस्त भूतों के प्रति सम होकर वह मेरी परा भक्ति को प्राप्त करता है।

व्याख्या—जो दिव्य पद प्राप्त कर लेता है, वह पारब्रह्म परमात्मा का हर क्षण अनुभव करता है। इस परमात्मा का स्पर्श महसूस करता है। उसके हृदय में हर जीव के लिए समभाव हो जाता है। वह हर समय प्रसन्नचित्त रहता है। न तो कभी शोक करता है और न ही कभी कोई कामनाएँ करता है। वह शुद्ध भक्ति में लीन रहकर ब्रह्ममय होकर जीता है।

ब्रह्म को प्राप्त करके मनुष्य सहज अवस्था प्राप्त करके निर्लेप जीवन जीता है। शरीर को क्षण-भंगुर मानकर शरीर और इंद्रियों के दु:ख-सुख से नहीं जुड़ता।

श्लोक : 55

भक्त्या मामभिजानाति यावान्यश्चास्मि तत्त्वत:।
ततो मां तत्त्वतो ज्ञात्वा विशते तदनन्तरम्॥

अन्वय—

भक्त्या माम् अभिजानाति यावान् य: च अस्मि तत्त्वत:।
तत: माम् तत्त्वत: ज्ञात्वा विशते तत-अनन्तरम्॥

अर्थ—जितना और जैसा मैं हूँ, मुझको तत्त्व से जाना जा सकता है। भक्त मुझे तत्त्व से जानकर उसके बाद शुद्ध भक्ति से मुझ तत्त्व में प्रवेश करता है।

व्याख्या—परमात्मा को निराकार तत्त्व रूप में जानना ही शुद्ध भक्ति होती है। इस श्लोक में श्रीकृष्णजी ने कहा कि जो मुझे शरीर रूप से नहीं अविनाशी रूप को जानकर भक्ति करता है, वह मुझ अविनाशी में ही प्रवेश करता है। भाव यह कि वह मोक्ष को प्राप्त होता है, ब्रह्म में ही समा जाता है, जन्म-मरण से मुक्त हो जाता है।

ज्ञान पाकर मनुष्य देह त्यागने के बाद ब्रह्म में एकाकार हो जाता है।

श्लोक : 56

सर्वकर्माण्यपि सदा कुर्वाणो मद्व्यपाश्रय:।
मत्प्रसादादवाप्नोति शाश्वतं पदमव्ययम्॥

अन्वय—

सर्व कर्माणि अपि सदा कुर्वाण: मत्-व्यपाश्रय:।
मत्-प्रसादात् अवाप्नोति शाश्वतम् पदम् अव्ययम्॥

अर्थ—मेरी कृपा से मेरा शुद्ध भक्त समस्त कार्य करते हुए मेरा आश्रय लेकर सदा (रहनेवाले) अविनाशी शाश्वत धाम को प्राप्त करता है।

व्याख्या—प्रभु परमात्मा को जो जान लेता है, फिर उस पर प्रभु की कृपा हर समय बनी रहती है। परमात्मा का संरक्षण हर पल उसके साथ होता है। वह हर कर्म करता हुआ परमात्मा के ध्यान में होता है तो उसका हर कर्म प्रभु के ही आदेश से होता है, परमात्मा की इच्छा भी उस कर्म में सम्मिलित होती है। वह सदा परमात्मा के निर्देशन में कार्य कर रहा होता है। वह सब कर्म करता हुआ भी कर्ता नहीं होता। उसके कर्म परमात्मा को अर्पित हो जाते हैं।

ऐसा ज्ञानी मोक्ष प्राप्त करके, परमात्म तत्त्व में लीन होकर शाश्वत पद को प्राप्त होता है।

श्लोक : 61

ईश्वरः सर्वभूतानां हृद्देशेऽर्जुन तिष्ठति।
भ्रामयन्सर्वभूतानि यन्त्रारूढानि मायया॥

अन्वय—

ईश्वरः सर्व-भूतानाम् हृत्-देशे अर्जुन तिष्ठति।
भ्रामयन् सर्व-भूतानि यन्त्र आरूढानि मायया॥

अर्थ—हे अर्जुन! ईश्वर समस्त जीवों के हृदय में वास करते हैं। समस्त जीवों की भौतिक शक्ति (माया) से बने यंत्र (शरीर) पर सवार होकर भ्रमण करते हैं।

व्याख्या—परमात्मा ही हृदय में स्थित होकर जीवों को निर्देश देते हैं। जीवों के सभी कार्यों का संचालन प्रभु द्वारा ही होता है। भौतिक शरीर में परमात्मा के अंश की ही शक्ति है, जो सारे कार्य करवाती है।

जो परमात्मा का आधार लेकर उनके निर्देशानुसार कर्म करते हैं, उनके वे कर्म सही कर्म हो जाते हैं। परमात्मा ही हर जीव के अंदर विचरण करता है।

संदेश यह कि शुद्ध भक्त अपने मन और बुद्धि को आगे न रखकर आत्मिक आवाज को सुनकर उनके अनुसार कर्म करे।

श्लोक : 62

तमेव शरणं गच्छ सर्वभावेन भारत।
तत्प्रसादात्परां शान्तिं स्थानं प्राप्स्यसि शाश्वम्॥

अन्वय—

तम् एव शरणम् गच्छ सर्व-भावेन भारत।
तत्-प्रसादात् पराम् शान्तिम् स्थानम् प्राप्स्यसि शाश्वतम्॥

अर्थ—हे भारत! निश्चय ही सब प्रकार से इसी (प्रभु) की शरण में जाओ। इसकी कृपा से (तुम) परमशांति और शाश्वत धाम प्राप्त करोगे।

व्याख्या—मनुष्य तब तक अशांत है, जब तक वह अपने मूल अस्तित्व की पहचान नहीं कर लेता। वह परमधाम, जो कि शाश्वत है, सनातन है, सदा सत्य है, इसे प्राप्त करना चाहता है। इस पाकर उसे परमशांति की प्राप्ति होती है। आत्मा, जो कि परमात्मा को पाने के लिए जन्मों से भटक रही है, अपने निज स्वरूप परमात्मा को जानकर ही शांत हो सकती है। आत्मा की भटकन समाप्त हो सकती है।

इस श्लोक में श्रीकृष्णजी परमशांति प्राप्त करने का और परमधाम मोक्ष प्राप्त करने के बारे में बता रहे हैं कि सब ओर से समर्पित होकर तुम प्रभु परमात्मा की शरण में आ जाओ। जो शरण में आ जाता है, प्रभु उस पर कृपा करके उसे अपना लेते हैं और फिर वह अपने मूल अस्तित्व में विलीन हो जाता है।

श्लोक : 63

इति ते ज्ञानमाख्यातं गुह्याद्गुह्यतरं मया।
विमृश्यैतदशेषेण यथेच्छसि तथा कुरु॥

अन्वय—

इति ते ज्ञानम् आख्यातम् गुह्यात् गुह्यतरम् मया।
विमृश्य एतत् अशेषेण यथा इच्छसि तथा कुरु॥

अर्थ—इस प्रकार मेरे द्वारा गूढ़ से अति गूढ़ ज्ञान की व्याख्या जो की गई है, इसे पूर्ण रूप से मनन करके जैसी इच्छा हो, वैसा करो।

व्याख्या—परमात्मा का विराट् से अति विराट् रूप दिखाकर जो श्रीकृष्णजी ने अर्जुन को ज्ञान दिया कि 'ये देख मैं शरीर नहीं हूँ, मैं निराकार हूँ' मेरा कोई रंग, रूप, रेखा, सीमा नहीं। मैं अनादि हूँ। सर्व व्यापक हूँ। मेरे बिना कोई स्थान खाली नहीं। सर्वशक्तिमान परमात्मा का यह ज्ञान गूढ़ से अति गूढ़ एवं गोपनीय है। यह सबको प्राप्त नहीं होता। यह न तो पुस्तकें पढ़ने से, न जप-तप से, न व्रत, यज्ञ, दान, तीर्थ आदि से ही प्राप्त करना संभव है। यह गूढ़ और गोपनीय रहस्य केवल सद्गुरु के द्वारा ही जाना जा सकता है।

सद्गुरु वह होता है, जिसके पास इस सत्य का ज्ञान, जानकारी है। वह कृपा करके इस ज्ञान को प्रदान करता है, जैसे श्रीकृष्णजी ने महाभारत के युद्ध के मैदान में केवल अर्जुन पर कृपा करके इस परमज्ञान को दिया। मीराजी को यह ज्ञान की

दात गुरु रविदास ने कृपा करके दिया जिसे मीरा ने कहा, "वस्तु अमोलक दी मेरे सद्गुरु किरपा कर अपनाओ।"

परमात्मा को जान लेने के बाद, फिर मनुष्य जो भी कर्म करता है, वह उसको पूर्ण रूप से मनन करके करता है। परमात्मा का एहसास उसे हर पल बना रहता है। तभी श्रीकृष्णजी ने कहा है, "जैसी तेरी इच्छा हो वैसे करो," परंतु कर्म करने से पूर्ण रूप से इसका मनन कर लो।

श्लोक : 65

मन्मना भव मद्भक्तो मद्याजी मां नमस्कुरु।
मामेवैष्यसि सत्यं ते प्रतिजाने प्रियोऽसि मे॥

अन्वय—

मत्-मनाः भव मत्-भक्तः मत्-याजी माम् नमः कुरु।
माम् एव एष्यसि सत्यम् ते प्रतिजाने प्रियः असि मे॥

अर्थ—मेरे में मन लगाओ, मेरी भक्ति करो, मेरी पूजा करो, मुझे नमस्कार करो। ये तुमसे वायदा है तुम मेरे ही पास आओगे, तुम मुझे प्रिय हो।

व्याख्या—यह गूढ़ से अति गूढ़ ज्ञान श्रीकृष्ण ने अपने प्रिय मित्र अर्जुन को देने के बाद उसे मार्गदर्शन दिया कि मेरे में ही मन लगाओ, मेरी ही भक्ति करो, मुझे ही नमस्कार करो, मेरी आराधना करो। भाव यह कि मेरे सिवाय किसी अन्य की भक्ति नहीं। जो हर प्रकार से उठते-बैठते, सोते-जागते, प्रभु को मन में बसाए रखते हैं, प्रभु को वे अत्यंत प्रिय हैं।

उनका हर कार्य प्रभु के लिए होता है, वे निश्चित ही परमधाम को प्राप्त करते हैं। यहाँ श्रीकृष्ण यह वादा एवं प्रतिज्ञा कर रहे हैं कि तुम निश्चित रूप से मेरे ही पास आओगे।

श्लोक : 66

सर्वधर्मान्परित्यज्य मामेकं शरणं व्रज
अहं त्वा सर्वपापेभ्यो मोक्षयिष्यामि मा शुचः॥

अन्वय—

सर्व धर्मान् परित्यज्य माम् एकम् शरणम् व्रज।
अहम् त्वाम् सर्व पापेभ्य मोक्षयिष्यामि मा शुचः॥

अर्थ—सब प्रकार के धर्मों का परित्याग करो और एकमात्र मेरी शरण में

आओ। मैं तुम्हें समस्त पापों से मुक्त कर दूँगा। चिंता मत करो।

व्याख्या—मनुष्य अपने मन में अनेक प्रकार की अलग-अलग धारणाएँ बना लेता है जिनको वह प्रभु की भक्ति के अनुरूप मानता है। धर्म का अर्थ है—'धारण करना' यानी मन में एक धारणा बना लेना। जिस सदस्य को परिवारवाले उसे पिता के रूप में बताते हैं, वह मन में धारणा रखता है कि ये मेरे पिता हैं, वह उनसे पितृवत् धर्म का पालन करके वैसा ही व्यवहार करता है। यही पितृधर्म है। इसी प्रकार मातृधर्म, पुत्रधर्म, पतिव्रतधर्म, भातृधर्म। हर एक के साथ व्यवहार करने का धर्म एक-दूसरे से भिन्न है। भाव भी भिन्न-भिन्न है। एक औरत का पुत्र के साथ पुत्रवत् एवं पति के साथ पतिवत् धर्म।

यहाँ श्रीकृष्ण कह रहे हैं कि मनुष्य ने परमात्मा की भक्ति करने की भी कई धारणाएँ बनाई हैं। कहीं यह धारणा कि तीर्थों की यात्राएँ श्रेष्ठ हैं तो कहीं यह कि पवित्र नदियों का स्नान करना श्रेष्ठ भक्ति है। कहीं तप, यज्ञ, दान अथवा जाप करना ही उत्तम मान लिया। श्रीकृष्ण समस्त संशय समाप्त करके कह रहे हैं कि तुम सब प्रकार के धर्मों का त्याग करके, समस्त धारणाएँ छोड़कर केवल मेरी शरण में आओ। एक प्रभु परमात्मा की शरण में आना ही सर्वोत्तम भक्ति है। इसके तुल्य और कुछ है ही नहीं। सबसे उत्तम भक्ति का मार्ग बताकर कहा कि यही एक रास्ता है, क्योंकि मैं ही सब पापों से मुक्त कर सकता हूँ।

जिन्हें प्रभु अपनी शरण में ले लेते हैं, मनुष्य की सारी चिंताएँ समाप्त हो जाती हैं।

श्लोक : 67

इदं ते नातपस्काय नाभक्ताय कदाचन।
न चाशुश्रूषवे वाच्यं न च मां योऽभ्यसूयति॥

अन्वय—

इदम् ते न अतपस्काय न अभक्ताय कदाचन।
न च अशुश्रूषवे वाच्यम् न च माम् यः अभ्यसूयति॥

अर्थ—यह गूह्य ज्ञान तुम्हारे द्वारा इसे कभी भी न बताया जाए, जो न तो संयमी है, न एकनिष्ठ है, न भक्ति में रत है और न ही उसे, जो मुझसे द्वेष करता है।

व्याख्या—यह गूढ़ ज्ञान अमूल्य है, जिसे मीराजी ने भी अमोलक ज्ञान, अमोलक वस्तु बताया। इस गूढ़ ज्ञान को समझने की, मनन करने की इच्छा प्रत्येक व्यक्ति के पास नहीं होती। हर युग में इस ज्ञान को कोई-कोई ही प्राप्त कर सका और समझ सका। मीराजी के समय मीराजी ने इसे प्राप्त किया और इसे पाकर वे

दीवानी हो गईं, परंतु उनके परिवार के किसी भी सदस्य को इस ज्ञान की कीमत का एहसास नहीं हुआ और उन्होंने मीराजी पर अनेक जुल्म किए।

श्रीकृष्णजी बता रहे हैं कि ज्ञान की बातें किन-किन तरह के व्यक्तियों को न बताई जाएँ, जिसे सुनने और समझने की इच्छा नहीं, उसे विश्वास नहीं, धैर्य भी नहीं। जो केवल एक प्रभु पर निष्ठा नहीं रखता, उसे भी नहीं। अपनी कामनाओं की पूर्ति हेतु जो अन्य देवी-देवताओं पर भी निष्ठा रखता है।

उसे भी नहीं, जिसका भक्ति में मन न लगता हो और उसको तो बिल्कुल भी नहीं, जो भगवान् को मानता ही नहीं। जिसकी आस्था परमात्मा पर है ही नहीं।

श्लोक : 68 एवं 69

य इमं परमं गुह्यं मद्भक्तेष्वभिधास्यति।
भक्तिं मयि परां कृत्वा मामेवैष्यत्यसंशय॥
न च तस्मान्मनुष्येषु कश्चिन्मे प्रियकृत्तमः।
भविता न च मे तस्मादन्यः प्रियतरो भुवि॥

अन्वय—

यः इदम् परमम् गुह्यम् मत् भक्तेषु अभिधास्यति।
भक्तिम् मयि पराम् कृत्वा माम् एव एष्यति असंशयः॥
न च तस्मात् मनुष्येषु कश्चित् मे प्रिय-कृत्-तमः।
भविता न च मे तस्मात् अन्यः प्रिय-तरः भुवि॥

अर्थ—जो मेरे इस श्रेष्ठ गूढ़ ज्ञान (रहस्य, गुप्त) को भक्तों में कहता है, निश्चय ही वह भक्ति करके मुझ दिव्य को ही प्राप्त होता है। इसमें कोई संशय नहीं।

इस संसार में उसकी अपेक्षा न कोई मुझे अन्य अत्यंत प्रिय है और न ही कभी उससे अधिक प्रिय होगा।

व्याख्या—श्रीकृष्णजी के कहने का यही भाव है कि जिन्हें यह ज्ञान प्राप्त हो गया है, वे ज्ञान को पाकर स्वयं भी भक्ति का आनंद लें और अन्य जिज्ञासुओं को भी ज्ञान प्राप्त करने की प्रेरणा दें। अन्य जो ज्ञान से वंचित हैं और मेरी भक्ति करना चाहते हैं, उन्हें भक्ति करने का यह मार्ग बताएँ। प्रभु परमात्मा की भक्ति करने का यही अति उत्तम मार्ग है। प्रभु को भी यही प्रिय है।

भगवद्गीता के अनेक श्लोकों में ज्ञान प्राप्त करना ही भक्ति करने का प्रथम कदम बताया गया है। इसी ज्ञान के गूढ़ रहस्य के बारे में जो आगे जन-जन तक पहुँचानेवाला शुद्ध भक्ति को प्राप्त करता है, वह प्रभु परमात्मा को सबसे अधिक

प्रिय होता है और भगवान् को उसके समान और कोई प्रिय नहीं होता। अंत में वह भगवान् को ही प्राप्त होता है।

श्लोक : 78

यत्र योगेश्वरः कृष्णो यत्र पार्थो धुनर्धरः
तत्र श्रीर्विजयो भूतिर्ध्रुवा नीतिर्मतिर्मम॥

अन्वय—

यत्र योग-ईश्वरः कृष्णः यत्र पार्थः धनुःधरः।
तत्र श्रीः विजयः भूतिः ध्रुवा नीतिः मतिःमम॥

अर्थ—जहाँ योगेश्वर कृष्ण हैं, जहाँ धनुर्धर अर्जुन हैं, वहाँ ऐश्वर्य विजय अलौकिक शक्ति नीति भी निश्चित रूप से है, ऐसा मेरा मत है।

व्याख्या—श्री मद्भगवद्गीता का यह श्लोक एक प्रकार से सार है कि जहाँ ईश्वर का योग करानेवाले श्रीकृष्णजी सद्गुरु के रूप में हैं और दूसरी तरफ इस ज्ञान को ग्रंहण करनेवाले एकाग्र चित्तवाले एकनिष्ठ शिष्य के रूप में अर्जुन है, सारे सुख, अलौकिक शक्तियाँ, सत्यता, सुनीति सबकुछ वहीं होता है। ईश्वर से योग होने पर, ईश्वर से जुड़ जाने पर केवल एक परमपिता परमात्मा का ही ध्यान, इसी पर विश्वास, इसी एक का सहारा होता है। जहाँ जीवन में आनंद-ही-आनंद है, वहाँ मृत्युलोक से जाने पर परमात्मा में लीन होकर परमानंद (परम आनंद) की प्राप्ति होती है।

श्रीकृष्णजी ने कहा है कि यह मेरा मत है कि मेरा भक्त कभी नष्ट नहीं होता, वह भी ब्रह्म ही हो जाता है, मेरा भक्त मुझमें समा जाता है और कहता है।

"अहम् ब्रह्म अस्मि।"

ज्ञान एक जानकारी है, जिसके उजाले में ब्रह्मज्ञानी ब्रह्म और माया को, सत्य और झूठ को साफ-साफ देख सकता है। यह ज्ञान बहुत महान् है, लेकिन इसका लाभ तभी है, जब हम इस जानकारी को जीवन में अपनाएँ। मिथ्या माया को छोड़कर सत्य ब्रह्म के साथ जुड़ें तभी हम इस ज्ञान का, भक्ति का आनंद ले पाएँगे।

शिक्षाएँ सद्गुरु हरदेवजी महाराज की पुस्तक (दर्पण) से!

□□□